Marketing Energy
to Leaders

领袖营销
能 量
——破解行业领军企业的营销秘诀

李科成 ◎ 著

中国商业出版社

图书在版编目（CIP）数据

领袖营销能量：破解行业领军企业的营销秘诀 / 李科成著. -- 北京：中国商业出版社, 2019.7
　　ISBN 978-7-5208-0318-2

Ⅰ.①领… Ⅱ.①李… Ⅲ.①企业管理－市场营销 Ⅳ.①F274

中国版本图书馆 CIP 数据核字(2019)第 138598 号

责任编辑：刘万庆

中国商业出版社出版发行
010-63180647　　www.c-cbook.com
（100053　北京广安门内报国寺 1 号）
新华书店经销
三河市长城印刷有限公司印刷

*

710 毫米×1000 毫米　　16 开　　12.5 印张　　160 千字
2019 年 8 月第 1 版　2019 年 8 月第 1 次印刷
定价：48.00 元

* * * *

（如有印装质量问题可更换）

前　　言

一晃大学毕业从事营销工作已经18年了。在这18年的时间里，我做过广告策划，做过渠道总监，做过上市公司营销操盘手，做过咨询公司联合创始人，做过营销咨询师和讲师，现在也有了自己的公司。虽然职业有了很多变化，但核心工作从未改变——那就是营销。

7年讲师生涯和4年创业历程，让我越来越深刻地认识到营销对于一家创业型企业的重要性。做讲师，如果不懂营销，就会失去讲课的平台；做老板，如果不懂营销，企业就会失去生存的空间。作为大势能营销的创始人，我通过自身强大的营销能量，让公司走出了创业期，并把大势能发展成为北京培训行业的领军企业。

如果说创业型企业离不开创业者的营销能量，那么，处于发展阶段的中小企业更需要什么？

这些年因为职业的关系我认识了数以万计的企业老板，发现凡是走进课堂学习的老板，企业都存在一些问题。这些问题表面看可能是管理、股权、团队或运营问题，但核心还是营销问题，尤其是企业领导者自身营销能量的问题。

如果说中小企业的发展离不开创始人，走到成熟阶段的行业领军企业是否还需要领袖营销呢？

人们可能会认为，大企业需要的是管理、团队、品牌、文化或系统，领袖未必要亲自做营销。事实上，提到一些家喻户晓的企业，人们依然首先会想到其创始人。如提到沃尔玛会想到山姆·沃尔顿，提到微软会想到比尔·盖茨，提到苹果会想到乔布斯，提到海尔会想到张瑞敏，提到华为会想到任正非……尽管这些创始人有的已经退休多年，有的很少在媒体出现，又或者有的已经去世多年，但丝毫不影响人们对他们的熟悉程度。

任何一个品牌和成企业的背后，都浓缩着一个鲜活的人物。李宁的背后是具有拼搏精神的奥运冠军李宁；苹果的背后是具有近乎变态的创新精神的乔布斯；阿里巴巴的背后是具有草根逆袭的奋斗精神的马云……这些能量爆棚的风云人物都是企业的精神领袖。

写作《领袖营销能量——破解行业领军企业的营销秘诀》一书，是源于当下很多中小企业老板头脑中的错误认知，如解放自己、离场管理、大胆放权、系统管理等。这些理念不可谓不好，也不可谓不先进，但它未必适合我们。

当下很多创业者骨子里装的是中国传统文化，头脑中装的却是西方经营思想。这样的创业者怎能不纠结？所以老板们不是身体累，而是心累。心累的原因就是大脑植入的观念与骨子里的"原生思想"发生冲突而产生了纠结，因纠结而导致心累。

本书没有华丽的辞藻，也没有惊世骇俗的思想，有的只是我过去18年的营销实战和切身感悟。希望能给每一位奋斗的创业者赋能。如果你看完此书，能有所感悟、反思和收获，便是对我莫大的鼓励和支持。

目 录

第一章 领袖营销 ——营销核能，活力无限 / 1

    第一节　领袖营销的内涵 / 3

    第二节　领袖营销的必要性 / 5

    第三节　企业领袖营销能量 / 7

第二章 洞察变化 ——以变制变，空间无限 / 9

    第一节　了解宏观环境，决胜领袖营销 / 11

    第二节　当前营销趋势的变化 / 22

    第三节　向互联网企业学习什么 / 42

第三章 百变旗手 ——领袖魅力，能力无限 / 47

    第一节　领袖的六大能力 / 49

    第二节　领袖的六大身份 / 59

    第三节　领袖的六大思维 / 66

    第四节　企业的六定模型 / 76

第四章 八卦模型 ——全面升级，能量无限 / 87

 第一节 八卦模型：构建八卦阵法，开启升级能量 / 89

 第二节 回归主业：不忘创业初心，唤醒主业能量 / 92

 第三节 模式创新：创新营销模式，引爆模式能量 / 109

 第四节 品牌增值：品牌五行法则，激发品牌能量 / 136

 第五节 爆款产品：打造爆款产品，点燃产品能量 / 146

 第六节 借力扩张：借力外部团队，聚集招商能量 / 152

 第七节 提前收款：做好预先收款，玩转现金能量 / 167

 第八节 客户裂变：服务种子客户，裂变客户能量 / 174

 第九节 团队孵化：孵化优秀团队，释放团队能量 / 178

后 记 / 193

第一章 领袖营销——
营销核能,活力无限

第一节　领袖营销的内涵

这几年，互联网营销、阿米巴经营、股权与资本等课程比较火，这些课程都在强调团队的重要性，而我却"离经叛道"地讲起了"领袖营销"。

我认为，一家企业最重要的不是团队，而是领袖。没有好的领袖，再好的团队也是一盘散沙。因此，中小企业的营销不是团队营销，而是以老板为核心的领袖营销。

领袖营销由两个词语构成，一个是"营销"，一个是"领袖"。

先说营销。

"营销治百病，业绩解千愁"，如果把企业比作一辆车，那么营销就是发动机。发动机出了问题，不修发动机，而修制动系统、变速系统或转向系统，显然是无法从根本上解决问题的。然而，当下大多的中小企业每天都在做着类似的事情。

试想，如果没有营销，再好的产品卖不出去，爆款产品有什么意义呢？

试想，如果没有业绩，机制很好却没钱可分，管理系统有什么意义呢？

试想，如果企业不盈利，股权就意味着债权，股权激励有什么意义呢？

因此，营销是企业一切的核心，营销健康是企业一切健康的基础。

再说领袖。

如果说营销是企业的发动机，那么领袖就是司机。再好的汽车，如果司机技术不过硬，也难免车毁人亡。因此，企业领袖一定要成为一名合格的司机。

互联网企业是领袖营销的典范。每一个成功的互联网企业，都有一位大众耳熟能详的创始人。提到腾讯，人们会想到马化腾；提到360，会想到周鸿祎；提到百度，会想到李彦宏；提到阿里巴巴，会想到马云；若是提到京东，会想到刘强东。

即使是传统领域，那些杰出的创始人，也在不约而同地充当企业免费的"代言人"。个中翘楚如早期长虹电视董事长倪润峰，远大中央空调总裁张跃，青岛双星董事长汪海，新希望集团创始人刘永好等；近期的如格力的董明珠，海尔的张瑞敏，联想的柳传志，老干妈的陶华碧，华为的任正非，福耀玻璃的曹德旺等，他们都是领袖营销的标杆。

总之，领袖是企业营销能量的核心。没有一个给力的领袖，再好的营销系统都只是个摆设。因此，要想升级企业的营销系统，首先需要优化老板的营销思维和增强营销意识。

> **成言成语：**
> 中小企业的营销不是团队营销，而是以老板为核心的领袖营销。

第二节 领袖营销的必要性

近年来，受西方管理思想的影响，很多民企老板以"解放自己"和"离场管理"作为职业追求，其实这是一种不健康的社会风气。相对于西方国家三百多年市场化的进程而言，中国改革开放的时间还比较短，各个方面都还需要完善或健全。中国绝大多数企业还处于第一代创业者阶段。第一代创业者对企业的影响是方方面面的，很难做到彻底退休，包括2018年刚刚退下来的李嘉诚，以及对外宣传2019年退休的马云，在我看来，他们未必能真正退休，更准确的说法是"退居幕后"。乾隆皇帝执政60年宣布退位后又做了三年"太上皇"，继任者嘉庆皇帝对他照样毕恭毕敬。

那么，领袖营销对于企业而言有哪些独特的价值呢？一句话：领袖营销是成本最低的营销，是永不过时的营销，也是风险最小的营销。

首先，领袖营销是成本最低的营销。领袖营销不需要重金聘请明星代言，不需要在各大媒体巨资投放广告。企业领袖往往自带话题，如网红董明珠、首富王健林、"大嘴"李国庆等，因此，宣传推广成本相对较低。有些知名企业领袖不仅为自己企业代言，还为其他企业代言，在赚别人钱的同时也宣传了自己的企业，比如万科的创始人王石，先后为全球通、JEEP汽车、8848钛金手机等知名品牌代言。

其次，领袖营销是永不过时的营销。企业领袖只要自己不退休，对企业品牌影响的价值就一直存在。如张瑞敏，尽管这些年很少在媒体上出现，但一提到张瑞敏人们就会想到海尔，提到海尔同样会想到张瑞敏。

最后，领袖营销是风险最小的营销。随着自媒体的发展，明星的负面新闻越来越多地暴露在大众视野下。吸毒、嫖娼、出轨、偷税漏税、移民等各种关于明星的负面新闻屡见不鲜。如果重金请了某明星代言，一旦出现负面新闻，不仅前期投入的费用打了水漂，更重要的是影响了品牌在大众心目中的形象，反而得不偿失。相对于明星代言可能出现的种种负面新闻，企业领袖出现负面新闻的概率较低，他们最懂创业的艰辛与不易，也更懂得珍惜。当然，风险也只是相对而言，2018年刘强东、俞敏洪、李国庆等领袖的负面新闻对企业造成了很大的影响。刘强东事件爆发后，京东一夜之间损失超过200亿元，李国庆也因为自己的不当言论，当当网与他划清界限。从某种意义上讲，过高的媒体曝光度让他们和娱乐明星们已经没有太大区别。

这些年，作为大势能营销的创始人，我自己也在践行领袖营销——我本人既是主讲老师，又是主力成交手，更是大势能公司的代言人。

成言成语：

领袖营销是成本最低的营销，是永不过时的营销，也是风险最小的营销。

第三节　企业领袖营销能量

自 2001 年从事营销工作以来，我几乎阅读了所有国内外经典的营销著作，也研究了大量的营销理论，如西方"舶来"的 USP、4P、4C、STP、品牌形象、定位、迈克尔·波特的竞争战略、SIVA、长尾理论等；以及中国营销专家们原创的插位、占位、切割营销、尖刀营销、超级符号、冲突理论、爆品理论等本土化的理论体系。

这些理论"公说公有理，婆说婆有理"，本质上都是一家之言，有其存在的前提和条件。实事求是地讲，作为一名专业的营销工作从业者，我在使用这些理论工具的时候也会纠结和迷茫，貌似每套理论都有其道理，但又无法照搬复制。

营销是"入世"之学，讲究的是落地和实操。目前市面上所有公认的理论体系都离不开特定的时间和空间。以"定位"为例，这个在国内靠着王老吉和加多宝火了近 20 年的营销理论，也并不是所有公司都可以使用，很多没有照搬"定位"的企业也一样活得多姿多彩。

多年来，我一直在思考，有没有一套理论思想，能够适应更多的行业和企业。后来，我在物理学体系中找到了一个词——"能量"。我发现，不论是

领袖营销能量
——破解行业领军企业的营销秘诀

自然界还是商业界都讲究能量。月球为什么围着地球转？因为地球能量大。地球为什么围着太阳转？因为太阳能量大。粉丝为什么追逐明星？因为明星能量大。普通人为什么崇拜伟人？因为伟人能量大。小企业为什么追随大企业？因为大企业能量大。代理商为什么加盟或代理品牌？因为品牌商能量大。消费者为什么花高价购买名牌？因为名牌能量大……

企业营销的本质就是构建超强的营销能量。企业有了营销能量就有了定价权，有了营销能量就有了话语权，有了能量就有了游戏规则制定权。我把这个理论体系命名为"大势能理论"。为了保持传播的统一性，把公司名称也注册为"大势能营销"。

今天，万科、万达、华为、阿里巴巴、京东、小米、滴滴这些家喻户晓的品牌，无不传递着一种能量。这种能量给客户带来归属感，给员工带来自豪感，给合作伙伴带来安全感，给竞争对手带来压迫感，给国家带来荣耀感。这种能量也为他们吸引了更多优秀的人才、合作伙伴、投资人，以及银行、政府和其他相关机构的大力支持。

当然了，如果说营销能量是企业营销的终极追求，那么领袖则是营销能量的源头。没有强大的企业领袖，就产生不出强大的营销能量。

> **成言成语：**
> 领导者是企业营销能量的源头。没有强大的企业领袖，就产生不出强大的营销能量。

第二章　洞察变化——
　　　　以变制变，空间无限

第一节 了解宏观环境，决胜领袖营销

如果把营销比作一场战争，那么企业家首先要了解的就是当前所处的战争形势。别人都用精确制导武器了，如果你还在抡大刀长矛，那么落败破产是迟早的事。正所谓"知己知彼，百战不殆"，要想打赢领袖营销这场战役，首先要了解一下整个中国的宏观经济环境。唯有洞察环境的变化趋势，找准"风口"，与时俱进，方能事半功倍。

企业家在分析宏观环境时一定要具备"关键词思维"，即找准体现时代脉搏的核心词语，从而更清晰、更通透地洞悉环境，否则，很容易陷入"宏观环境"的沼泽中而无法自拔。

有四个关键词最能体现过去十年宏观经济环境的整体特征，分别是"低速化""过剩化""同质化"和"网络化"。

1. 低速化

所谓低速化，就是国家经济总量增长的速度在大大降低。中国经济的增长速度，在全世界范围内都很罕见，特别是从1978年到2008年这30年间，在国际上称为"经济的奇迹"。这主要体现在两个方面：第一，这30年间GDP年均增长率接近10%；第二，长达30年的高速增长，超过了现代史上所有国家。稍有阅历的人，回想起改革开放之前的生活，都会发自内心地感叹中国创造的奇迹。

从2010年开始，经济增长的速度逐年下滑，从"保9""保8"降到了现在的"保7"。尽管这是市场规律使然，但短期内还是让人难以适应，特别是"坐"惯了高速发展列车的企业家们。

我们来看一组关于中国GDP增长速度方面的数据：2010年GDP的增长率是10.3%；2011年GDP的增长率是9.2%；2012年GDP的增速是7.8%；2013年GDP的增速是7.7%；2014年GDP的增速是7.4%；2015年GDP跌破了7%，降到了6.9%；2016年GDP增长率仅6.7%；2017年GDP增长率略有上升，回归到了6.9%；2018年又回落至6.6%。

如前所述，中国经济总量的不断增加，经济增长的速度适度下降，也符合经济发展的必然规律。但经济增长的低速化，给中小企业家带来的心理冲击还是非常明显的。这就如同一个人在高速公路上开车，开到120公里会觉得很正常，下高速后以五六十公里的速度前进，尽管车还在前行，但感受完全不同。

低速化时代，中小企业家首先需要做的是调整心态。经济增长不是某个行业或某个企业能够左右和改变的，我们唯一能做的就是接受和适应。接受和适应当下的环境，从改变自我开始，争取在经济发展低速化的情况下保持企业的高速发展。

2.过剩化

改革开放初期，消费者买什么都要凭票证，诸如粮票、油票、布票等。那时候缺吃少穿，有钱也买不到东西，政府只能限量供应。随着改革开放的纵深发展，人口众多的中国，逐步从物质的稀缺时代进入了丰盈时代。丰盈时代的最大特征就是过剩——产能过剩、产品过剩、信息过剩和选择过剩。

首先我们来谈一下产能过剩。这两年，老百姓会经常在《新闻联播》里听到一个词——去产能，中国的重工业，包括钢铁、煤炭、玻璃、水泥、电解铝、船舶、光伏、风电、石化等很多产业，都进入了产能过剩的经济周期。

从经济发展的规律来看，产能过剩和政策的引导、技术的发展、社会的变化以及需求的改变，都息息相关。产能过剩在短期内靠国内市场需求无法消化，于是，出口成了消化过剩产能的重要途径。

2013年，习近平主席提出了"一带一路"的倡议，其核心就是向周边国家进行产能输出，在帮助周边国家发展经济的同时，顺带解决中国产能过剩的战略难题。这是一个长远的战略规划，会影响中国未来50年甚至100年的发展。

但是当下，产能过剩不是靠"一带一路"能够快速疏解的，它需要一个过程，过程中会有诸多不适。从事重工业或与重工业配套的中小企业，要做好"过冬"的长远打算，通过苦练内功，提升产品力、服务力和营销力，强化企业的市场竞争力。

其次是产品过剩。产能过剩指的是工业品过剩，产品过剩指的是消费品过剩。产品过剩与中国制造业能力的提升有着重要的关系，同时也和消费者的消费需求下降密切相关。2015年10月，中国政府全面放开二胎政策。这一政策体现出我国既有增加劳动力的需要，也有提升国人消费力的意图。

今天，当我们走进商场、超市，会看到很多形形色色的、各种各样的同质化产品，毫不夸张地说，除了Logo以外，大多数产品的功能甚至外观，基本都是一样的。在淘宝或天猫等电商平台上，同质化的产品更是数不胜数。

产品过剩也为中小企业提出了一个全新挑战，那就是如何让自己的产品从林林总总、千篇一律的产品"红海"中跳出来，让消费者看到并购买，这成为当下企业应对产品过剩的一大难题。

第三个过剩是信息过剩。美国作家凯文·凯利在畅销书《必然》中说"每年我们生产出800万首新歌，200万本新书，1.6万部新电影，300亿个博客帖子，1820亿条推特信息，4万件新产品"。看到这句话后你是否会感到惊讶？显然，我们目前正处在信息过剩的时代，我们每天刷着微博、朋友圈，无时无刻不在获取信息。

过去说"信息大爆炸"多少有点夸张的成分，现在则是名副其实。在各种新闻、娱乐、科技和广告信息的轮番轰炸下，我们个人接收信息的能力早已不堪重负。

很多人一看到广告就厌烦，马上换台或者关掉网页。那么中小企业该如何在信息泛滥的海洋里，让品牌和产品信息及时而准确地送达到消费者眼前，进而走进消费者心里,这同样是对企业营销能力的严峻挑战。

最后一个过剩是选择过剩。

曾经有一位大龄剩女和我探讨过一个有趣的现象。她说:"李老师,你知道什么叫优胜劣汰吗?"我说,"优胜劣汰不就是达尔文的生物进化论吗?优质的保留下来,劣质的被淘汰出局"。她说,"非也!今天的'优胜劣汰'指的是优质的女人都剩了下来,而劣质的女人,则成了别人的太太,简称优'剩'劣'太'。很显然,大龄剩女也是选择过剩的产物。

江苏卫视的《非诚勿扰》栏目里的嘉宾也是如此,参加相亲的"剩男剩女"们,绝大多数是"帅哥美女"。这固然和节目本身的受众需求有关,但也间接反映了一种"营销现象",那就是:越优质的产品,往往越容易出现选择性过剩。

优质的产品,因为不会营销、不会塑造、不会包装,而失去了被客户选择的机会。反过来说,客户面临选择时,同样非常痛苦。

在课堂上我与学员进行互动:现在是电视节目更好看,还是电影更好看?很多人脱口而出,当然是电影更好看。我随即又问,难道没有不好看的电影吗?难道没有很好看的电视节目吗?其实不是电视节目不好看了,也不是电影太好看了,而是因为电视栏目可选的太多,电影没有选择。走进电影院,必须掏钱买票,电影开始后不能随意离场。电视节目则不同。现在的电视都有一两百个频道,如果看一晚上电视,不来回换上几个频道,仿佛对不起手里的遥控器似的。

由此可见，选择太多，会让人们失去选择的能力。所以，中小企业如何让自己的产品脱颖而出，让客户首先选择你的产品，这又是一个市场挑战。

上述四种过剩，带来的是四种挑战，处于当局者中的你，做好了应对挑战的准备了吗？

3. 同质化

何谓同质化？简单来说就是产品看上去都差不多，彼此之间没有明显区别。这也是当下民企产品营销最大的痛点。消费者走到终端，如同中国人看老外——感觉都一个样儿。因此，不得不通过降价、买赠等各种优惠活动吸引客户购买。实际上客户买到的根本不是产品，而是"便宜"。

那么客户究竟买的是什么？是便宜吗？不是！客户买的是"占便宜的感觉"。小企业卖的是便宜，大企业卖的是"占便宜的感觉"。所以小企业因为便宜而伤害了品牌，大企业因为"占便宜的感觉"而强化了品牌。

从营销操作的角度看，同质化体现在四个方面，分别是产品同质化、卖点同质化、包装同质化和终端同质化。

产品同质化就是产品外观接近、功能基本相同。换句话说，产品没有鲜明的个性特色，也就没有客户必须购买的独特理由。

什么是卖点同质化？我经常问学员他们企业的产品有什么卖点？很多学员或支支吾吾，或底气十足地给了一些他们自认为的卖点，无外乎质量好、服务优、价格实惠等，其实这根本就不叫卖点。卖点是标签，是区别，是差异，用一个词来概括，就是"与众不同"。

2018年年初，我为广州黛柏睿高端家具做营销咨询的时候，曾经前往佛山乐从镇罗浮宫国际家具博览中心做市场调研。在罗浮宫，我看到很多均价在几万甚至十几万元的中高端家具。这些家具的主打卖点，几乎都是清一色的"来自意大利""极具艺术设计特色"等。虽然这些卖点看似"高大上"，但当所有品牌都这么表达的时候，卖点也就失去了应有的独特性。

包装同质化是最不该犯的错误，可是我们看到的是，大量产品的外在包装雷同，客户一眼望去，根本分不出你我他，你让客户怎么分辨？用点儿心思，花点儿精力，付出点儿心血，设计一款哪怕不太出色但是别具一格的包装，很难吗？其实这对所有商家来说都不是问题，再难的创意，他们都能快速抄袭，就看心用在哪儿了。

终端同质化，就是别人做商超，我也做商超；别人开专卖店，我也开专卖店；别人上淘宝，我也上淘宝；别人做京东，我也做京东……于是，我们又进入了终端竞争的"红海"。"终端拦截""终端制胜""决胜终端""得终端者得天下"……无不反映出终端竞争的白热化。

从产品同质化到卖点同质化，再到包装同质化和终端同质化，显然这是一个高度同质化的时代。如果产品没有特色，没有独特的卖点和亮点，企业就缺少被客户选择的理由和生存发展的能力。

4．网络化

网络化即"互联网+"，这是探讨当前宏观经济环境不能回避的关键热词。自2015年"两会"期间，李克强总理提出"互联网+"战略以来，一方面让部分传统企业看到了转型和升级的希望，另一方面让更多企业陷入了恐慌和自卑之中。

很多互联网行业的从业者和相关利益者，包括主流媒体，出于种种动机，或有意或无意地放大了互联网产业的趋势和前景。貌似传统企业不转型，不走"互联网+"的道路，就是死路一条。

在2015年到2017年这3年间，最火的课程就是网络营销。不管企业需不需要，老板都会去听各种各样与网络营销相关的课程，一直到2018年，"互联网+"的热度才有所下降。

本人始终认为，最终能够拯救中国经济、支撑中国经济、引领中国经济的，一定是实业，而不是建立在虚拟经济基础上的互联网产业。事实上，实业如果能够打造出品质过硬的产品，就会提升企业竞争力，在市场中占有一席之地，也会对中国经济的发展发挥重要作用。

郭德纲的老段子、太平歌词、德云社的小剧场、师徒模式，还有说相声穿的长袍马褂，都属于传统相声的产物，郭德纲本人也以传统相声艺人自居，但郭德纲是今天中国最受欢迎的相声演员，德云社也是中国最大、最赚钱的相声社团。

北京同仁堂药店里的销售人员几乎都是"大妈大姐"级别的,更不要谈什么微笑服务了,他们也很少做促销活动,但在同仁堂买药的人并没有因为服务的缺失而减少,因为同仁堂的产品品质经过了长达350年的历史检验,有口皆碑。

老干妈的创始人陶华碧没有文化,产品包装多年来也没有太大改变,但是老干妈却卖到了美国、英国、法国、德国、澳大利亚等世界各国。在美国,一瓶老干妈可以卖到12美金,是国内市场价格的十几倍,堪称食品行业里的奢侈品。为什么老干妈经久不衰、畅销市场22年?因为好吃。

通过郭德纲的相声、同仁堂的药品和老干妈的调味品这3个案例,我们可以看到,只要产品的品质过硬,不管是否是"互联网+"企业,都丝毫不会影响企业的竞争力和品牌的生命力。

面对互联网的猛烈来袭,传统企业不要妄自菲薄、自怨自艾,而要相信自己,找回初心,想办法把传统产业做出新特色。

当然,我们也不能因为郭德纲、同仁堂、老干妈的成功,就否认互联网本身的价值。因为互联网的出现,对推动实业的整体升级有着正向而积极的作用。

那么该如何正确地看待"互联网+"的价值呢?

一句话,"互联网+"的出现,改变了需求的获取方式,但没有改变需求本身。

过去人们打车,在严寒或酷暑中,要么冻得瑟瑟发抖,要么热得满头大汗地等车。现在足不出户，只要打开滴滴点击一下，就能轻松打到出租车。

过去人们买衣服，到专卖店或者商场购买，费时也费力。现在只需打开淘宝，下单后就可以坐等送货上门。

过去人们吃饭，需要去饭店排队。现在只需要打开美团或者饿了么下单，就可以在半个小时左右吃到美味可口的饭菜。

滴滴的出现，改变了打车的方式，但人们坐的还是出租车；淘宝的出现，改变了服装购买的方式，但买的还是服装；美团和饿了么的出现，改变了吃饭的方式，但吃的还是饭菜。所以，互联网改变了需求的获取方式，但没有改变需求本身。互联网的出现，提高了传统企业的运营效率和服务品质，而不是创造了新的价值。

面对互联网，传统产业最大的问题就是不自信。现实中，包括媒体，没有人愿意为传统产业代言和发声，好像传统的就一定是过时的，一定是落伍的。其实反过来看，传统还意味着是靠谱的、是经得起时间检验的好东西。

作为一个拥有18年实战经验的资深营销人，我甘愿做传统产业的代言人和发声筒，为传统产业摇旗呐喊。我相信，只要传统产业掌握了互联网的营销模式，在未来的市场竞争中，一定会打一个漂亮的翻身仗。

以技术含量较高的手机产业为例，小米手机的出现，曾经以迅雷不及掩耳之势快速成为互联网手机的领导者。但是，它很快就被华为、OPPO、vivo等传统品牌夺回了失去的阵地，因为这些品牌的行业经验、研发实力、渠道布局和市场规模都是小米在短期内无法复制和超越的，这就是一个产业的底蕴。

正如创办新东方教育的俞敏洪所说，底蕴的厚度决定事业的高度。不管是人，还是产业，莫不如此。

当人们熬过这段迷茫期后、以冷静的眼光来看，传统和互联网之间并不是相互替代的关系，而是你中有我、我中有你的关系，二者是可以友好共存的。在这里给大家举个通俗的例子，以便更好地理解传统和互联网二者的关系。

生活中，爱喝啤酒的人都知道，啤酒有沫才好喝，但是人们实际喝的是啤酒，而不是啤酒沫。换言之，传统产业就是啤酒，互联网产业就是啤酒沫。没有泡沫的啤酒，就如同没有互联网概念的传统产业，缺乏想象力，投资人没有兴趣。

没有传统产业作为支柱的互联网，如同没有酒的泡沫，缺乏生命力，投资人即便投资，也会中途退出或血本无归。这是近年来很多O2O、P2P、汽车后市场和共享经济互联网项目夭折的原因所在。

> **成言成语：**
> 互联网改变了需求的获取方式，但没有改变需求本身。

第二节 当前营销趋势的变化

谈完宏观经济环境,我们再来看看当前的营销趋势在整体上发生着哪些变化。

从有营销那天开始,营销就在随时随地发生着变化,只是有的变化微不足道,有的变化"换汤不换药",有的变化则具有里程碑意义。

趋势不等于现实,但趋势一定会成为现实。及早了解当前的营销趋势,才能做到未雨绸缪,掌握更好的营销模式,从而让自己在未来的竞争中立于不败之地。

1. 由硬到软

硬,是硬件;软,是软件。由硬到软就是从硬件竞争升级到软件竞争。一个国家的终极较量,一定是软实力的较量;一个企业的终极竞争,一定是软件的竞争。这就是为什么苹果不生产一部手机,却是世界上最大手机企业的原因。因为苹果的优势是研发和品牌等软实力。

在谈这个趋势之前,我们先了解一下当前中国企业经营面临的困境。

几乎所有传统行业的创业者都有一个共同感受,那就是钱越来越难赚了。

过去创业的时候，要钱没钱，要人没人，要资源没资源，仅凭一腔热血，反而赚到了人生的第一桶金；现在相对于过去，有钱了，有人了，也有资源了，企业反而赚不到钱了。

究其原因，企业的这一痛点和整个宏观经济环境有关。改革开放40年以来，很多行业经历了从无到有，从不规范到规范，从不成熟到成熟的变化。

在近10年的咨询师生涯里，我服务了喜之郎果冻、奥克斯空调、海天酱油、徐工集团、绿源电动车、超威电池、航标卫浴和金拇指防水等知名大企业，也服务了大量资产规模在几千万元到几亿元不等的中小企业。根据我对上百个行业的深入研究发现，所有行业在发展过程中大致会经历如下5个关键阶段。

第一个阶段是"野蛮生长"。

野蛮生长是行业发展的初级阶段，也是行业的"原罪"阶段。行业发展初期一定是不完善、不规范的，这包括国家的法律法规、行业标准、产品质量等。温州鞋、白沟箱包，都经历过假货充斥的市场阶段。

野蛮生长阶段，产品、模式、技术、团队不是最重要的，最重要的是胆识，只有有胆有识的人才能够抓住机会并采取行动。

第二个阶段是"跑马圈地"。

随着行业的深入发展，少部分有梦想、有实力、有资金、有技术或有团队优势的企业渐渐脱颖而出，在销售半径、市场规模上占据优势地位，行业内出现第一阵营、第二阵营和第三阵营。

第三个阶段是行业洗牌。

行业洗牌期是行业发展中竞争最激烈的阶段，大量的企业在这个阶段慢慢消失了。

行业洗牌期最显著的特征是"价格战"。有实力的企业通过降价，拖垮、打败对手，实现"剩者为王"。很多行业都出现过擅长打价格战的"价格屠夫"，如电视机行业的长虹、微波炉行业的格兰仕、空调行业的奥克斯、电脑行业的神舟、家电连锁行业的国美等。

行业洗牌的最终结果是企业数量迅速减少。一些缺乏远见、技术落后、资金紧张或团队弱小的企业，慢慢地跟不上行业步伐，最后或被收编或主动退出。

第四个阶段是秩序重建。

秩序重建期是行业蜕变升级的关键阶段，在这个阶段，行业进入了相对稳定的时期。行业领军者重新设定游戏规则，完善行业标准，规范竞争秩序。

2008年"三聚氰胺事件"对中国奶粉行业造成了毁灭性打击，行业知名品牌三鹿彻底退出市场，国产奶粉口碑一落千丈，进口奶粉迅速进入中国市场，国产奶粉市场占比由原来的70%萎缩到30%。之后，国产奶粉经过近10年的重建，才恢复到"三聚氰胺事件"前的市场规模。

第五个阶段是回归本源。

从营销的角度来看，经营企业就是经营泡沫。过去十年，房地产有泡沫，资本进入房地产行业；股市有泡沫，资本进入股市。总之，哪里有泡沫，哪里就有溢价和增值的空间，哪里就会得到资本的青睐。

行业发展到第五个阶段的时候，泡沫减少了，透明度增加了，客户长期被"教育"后也日趋专业和理性，价格回归价值，导致企业利润空间越来越小，如家电、IT、手机、通信、汽车、房地产等很多领域，都是如此。

回归本源阶段最大的受益者是消费者，此时的行业更加成熟，产品品质过硬，性价比超高，消费者可以花更少的钱买到更好的产品。而对于企业而言，回归本源未必是好事，这意味着行业热点转移、竞争泡沫破灭和利润空间萎缩。20世纪80年代是电视机行业最热的时候，90年代是保健品、白酒、VCD、DVD行业最热的时候；2000年前后是空调等白色家电行业最热的时候；2010年前后是手机行业最热的时候；现在则是新零售和共享经济最热的时候。不同的时期有不同的经济热点，一旦热点转移，也就意味着行业进入了成熟期。

越来越多的行业进入到了第五个阶段，这也是很多创业者感觉生意难做、钱难赚的根本原因。当行业到达这个阶段的时候，企业唯一的出路就是从产品竞争上升到品牌竞争，因为：

一个行业竞争到最后，能够剩下来的都是有品牌的企业；

一个行业竞争到最后，能够赚到钱的都是有品牌的企业；

一个行业竞争到最后，拥有话语权的也是有品牌的企业。

由此我们可以得出一个结论：由暴利到微利是行业竞争的必然结果，由产品（硬件）到品牌（软件）是企业竞争的最后出路。

接下来，我们用三组词语来剖析下产品和品牌的根本区别。

第一组词语是"品质"和"品位"。品质是形容产品的，看得见摸得着；品位是形容品牌的，看不见摸不着，但能感受到。单纯从品质来说，真皮的包肯定好过皮革的包，但放到品位上则不然。LV的包基本都是皮革的，价格从几千到几万不等，如果是全球限量版的包价格高达几十万，这一切都源自品牌的独特魅力。这也是为什么IBM电脑被联想收购之后，很多高端客户移情苹果；沃尔沃被吉利汽车收购后，很多忠实客户流失的原因所在。产品还是那个产品，但品牌已经不是当初那个纯正的品牌了。

第二组词语是"功能"和"心理"。20世纪80年代，一台进口彩电的价格少则一千多元，多则五六千元，相对于当时的工资而言，简直比现在的一辆中端汽车还贵。那时候买电视买的是功能吗？显然不是，那时候的电视屏幕不大、像素不高、台数不多……人们为什么会买？因为人们买的是拥有电视机的心理满足感。现在的电视，屏幕越来越大、像素越来越高、台数越来越多，价格却越来越便宜。为什么？因为人们买的只是功能。显然，产品卖的是功能，品牌卖的是心理，所以产品越卖越便宜、品牌越卖越贵。

第三组词语是"空间"和"时间"。产品是空间经济的产物，品牌是时间经济的产物。同样是上好的毛笔和上等的宣纸，没有写过毛笔字的人写幅字一文不值，书法家写幅字却价值连城。为何？因为毛笔和宣纸是空间的产物，可以批量复制；书法家是时间的产物，无法复制。这就是为什么中国能够制造出一模一样的LV皮包，称为"A货"，价格却卖不到正品十分之一的原因。

品质、功能和空间有一个共同的特征，那就是可以复制。今天中国的制造业日趋强大，而中国企业的日子却日益艰难。因为强大的制造业带来的恰恰是产品的同质化，同质化竞争的结果一定是恶性竞争和利润下降。

品位、心理和时间这3个词的共同特征是不可复制。不可复制就会形成差异。营销就是要么第一，要么唯一。同样是汽车，提到沃尔沃人们的认知是安全，提到奔驰人们的认知是尊贵，提到宝马人们的认知是驾驭的乐趣。

同样是矿泉水，康师傅是矿物质水，怡宝是纯净水，农夫山泉是天然水，恒大冰泉是冰川水，尽管水的基本结构一样，但卖点和概念不同，价格却有着很大的差别。

产品是没有灵魂的，品牌是有灵魂的；产品是可以复制的，品牌是无法复制的；产品是千篇一律的，品牌是万里挑一的。未来，只有有灵魂、有品牌的企业才能活下来。因此，中小企业当下的工作重心是为品牌找"魂"。

2018年，我受黛柏睿家具董事长张钰枋女士的邀请，担任广州黛柏睿家具的营销战略顾问，帮助黛柏睿家具完成由出口到内销的战略转型。

广州黛柏睿家具有限公司是一家成立于1996年的家具企业，总部位于广州市白云区，产品出口美国、日本、德国、澳大利亚、中东等全球130多个国家和地区。随着80后、90后成为家具行业消费的主力人群，以及中产阶层的快速壮大，国内高端家具市场进入井喷发展阶段。为了适应市场，2017年黛柏睿制定了"做大国际市场，发展国内市场"的战略规划。

我亲自操刀为黛柏睿品牌赋予了全新的能量。根据黛柏睿家具出口130多个国家和地区的品牌资产，我为黛柏睿品牌提炼出"全球艺术家具典范"的品牌定位，"同一个世界，同一个黛柏睿"的品牌愿景，"点亮世界艺术家具之美"的品牌使命，"把艺术黛回家"的品牌主张和"匠心智造、匠品艺术"的品牌口号。并独具创新地喊出了黛柏睿的"产品进化论"，即从1.0的"制"造（精益生产）到2.0的"质"造（工匠精神）再到3.0的"智"造（场景交互）。这一主张得到了客户的高度认同，也引起了家具行业的广泛关注。

3月18日，在黛柏睿"营销突围·合力绽放——黛柏睿城市合伙人招募会议"的招商会现场，我以战略顾问的身份主讲招商方案，客户当场成交率超过45%，收到定金近1000万元，为黛柏睿国内市场的纵深发展打下了坚实的基础。

2. 由重到轻

重是"重资产"，指的是企业持有的如写字楼、厂房、原材料、机械设备等有形的、固定的资产。重资产公司是指以较大的资金投入，获得较少的利润回报，利润率较低的公司。重资产公司产品升级后需要更新生产线，资产折旧率高，如大多数机械制造企业。

轻是"轻资产"，是指企业紧紧抓住自己的核心业务，而将非核心业务外包出去。相对于占用了大量资金的重资产而言，企业的经验、规范的流程管理、治理制度、品牌、客户关系、人力资源、企业文化等无形资产占用资金比较少，轻便灵活，此类资产称为轻资产。轻资产公司是指以较少的资金投入，获得较大的利润回报，利润率较高的公司。

未来的竞争，一定是从重资产回归到轻资产的竞争。

20世纪80年代，如果一间办公室，坐上两三个人，看着报纸打着电话找客户，往往被称为"皮包公司"，在那时等同于骗子公司。现在，同样性质的公司被称为"轻资产公司"，大多数互联网企业的雏形都是如此。

雷军提出了互联网竞争的四个关键词：专注、极致、口碑、快。

在我看来，前三个和传统企业没有根本区别。今天做得好的传统企业都符合"专注、极致、口碑"三要素。

我认为，互联网竞争的核心是速度。纵观互联网企业制胜的路径，无外乎在传统企业没有反应过来之前，通过产业链重组、资本输血、空中轰炸、斩首行动，对传统产业进行摧毁式打击，从而占据行业制高点，让传统产业毫无还手之力，最后缴械投降，俯首称臣。摩拜对于传统自行车产业的洗牌，滴滴对于传统出租车行业的洗牌，京东对于传统家电平台的洗牌，莫不如此。

因为轻，所以快——互联网的发展速度正得益于它的轻资产运营模式。

滴滴没有一辆车，却成了中国最大的出租车公司；淘宝没有一件商品，却成了中国最大的零售电商；美团没有一家饭店，却成了中国最大的餐饮公司。这些成功的企业验证了一个真理，那就是"轻装才能疾行"。

一些有远见的传统企业，也开始了"去重革命"。2015年，地产行业的"巨无霸"——万达集团制定了轻资产战略，未来万达的发展路径是：投资人出资，万达出品牌，负责规划、设计、建设、招商、运营和商业信息化的管理工作。随后，万达抛售了13个文化旅游项目和77个酒店，这一行为的背后固然有缓解资金压力的因素，但本质上是其轻资产战略实施的开始。

那么中小企业如何应对从重资产到轻资产的转变呢？在这里，给大家提供两个思路。

第一个思路是"以租代购"。

中国人的传统思维，是能买的绝对不租，因为同样是花钱，买的是自己的，租的是别人的。

从经营的角度来说，过去对固定资产的投资，尤其是对土地和厂房的投资，能带来巨大的增值效应。但这种增值效应，在今天看来已经变得不再明显。未来的时代，一定是资源整合的时代。资源整合的本质，就是"不为我所有，但为我所用"。

现在创办新公司，已经不用再像过去那样投入重金购买办公室，而是租赁即可，甚至连办公室都不用租赁，在共享空间租几个工位也行。从2015年起，SOHO创始人潘石屹开始抛售库存楼盘，转而致力于共享办公这一全新的商业模式，并将项目命名为SOHO 3Q。

汽车同样可以租赁。买一辆车，只要上点档次，均价都是五六十万元，甚至一两百万元。一辆好车，一定要配备一个优秀的司机，司机一年的工资，也要十几二十万元，如果司机驾车出现交通事故，最后买单的一定是公司。如果我们转换思路，通过滴滴或者神州平台租车，可以随时更换不同品牌的豪车，今天租奔驰，明天租宝马，不用一次性支出巨资，还能显得公司很有实力。当然了，最大的价值是既减少了固定资产的投入，又降低了经营风险。

同样，电脑、办公桌椅、绿色植物都可以租赁。总之，现在创办一家新公司，能租的绝对不买。租赁的核心是分期付款，分期付款的目的就是延缓现金的支出速度，把现金牢牢把握在自己手里，通过提高现金的滚动效率，创造更大的价值。

举个简单的例子，1万元放在普通消费者手里，它的价值就是1万元；如果放在一个有经营头脑的企业家手里，一年滚动12次，它的价值就是12万元。

第二个思路是"部门外包"，这是轻资产经营的最高境界。

一家公司除了老板和老板娘以外，其他部门统统可以外包出去。

生产车间可以外包，统称OEM或者代工。现在经营最难的企业往往是集研发、生产和销售于一体的一条龙型的企业。经常有客户对我说，"李老师，我们的产品是自己工厂生产的，成本比同行更低"，这是一个错误的经营观念。

市场中最有竞争力的企业都是最专注的企业。苹果公司只负责研发、品牌输出和销售，生产的重任由富士康来完成。因为苹果清楚地知道，在生产制造层面，富士康比自己更专业，由富士康生产制造，成本比自己生产要低得多。

企业必须把资源和精力聚焦到自己擅长的领域，其他的事情统统外包给别人，这是降低成本最有效的途径！

销售部门可以外包，俗称"招代理商"或"加盟商"。一提到代理商，人们的第一反应就是"不忠诚"。难道员工就一定忠诚吗？如果不给员工发工资，员工立刻就会变得"不忠诚"。忠诚的本质是对利益的忠诚，而不是对某个人的忠诚。员工在公司拿着高薪自然忠诚，同理，如果代理商或加盟商在公司赚到钱，他们没有理由"不忠诚"。

所以，企业的焦点不是担心对方是否忠诚，而是想办法让对方赚到更多的钱，从而更加忠诚。让对方忠诚不是企业可以控制的，但能不能赚到钱却是企业可以控制的。企业一定要做自己可以控制的事情。

当前，中小企业在销售上最大的成本是无效员工的成本。根据"二八法则"，企业80%的业绩来自20%的销售人员，但是如果没有那80%的低效或无效人员，企业就没有办法筛选出那些优秀的销售高手。因此，只要打造团队，无论怎么控制成本，都无法改变这一现状。

随着未来社保由税务局代收政策的实施，企业用工成本将大大提高。这让原本就资金紧张、融资无门的中小企业更是雪上加霜、步履维艰。

对于中小企业而言，如何破解这一难题呢？那就是招商。

2019年，将是中国中小企业招商爆发的元年。只有通过招商，与代理商联合起来做大市场，才能解决企业人才储备不足的难题；只有通过招商，从代理商手里提前拿到现金，才能解决企业资金链紧张的难题。

自建团队和销售外包（招商）的最大区别是，销售人员是"花今天的钱养明天的人"，不管他是否做出业绩，企业都得发工资，这叫"存量支出"。代理商则是"花明天的钱养今天的人"，做出业绩才有收益，做不出业绩至少没有成本，这叫"增量支出"。

市场部门外包，把市场部门的活儿交给专业的广告公司、平面设计公司、影视制作公司、网络营销公司或媒体投放公司去做。宝洁、可口可乐、微软、华为、阿里巴巴这类世界级的大公司，都是把市场部的重要工作交给外包公司负责。

财务部门可以外包。一家创业型公司，一个月仅需投资 300～500 元的代记账费用，就可以完成一个月薪 5000 元专职会计的所有工作。他们不仅专业，而且效率更高，职业素养更好。

人事部门可以外包。今天各大互联网的招聘平台、猎头公司就是企业的外包人力资源部。不论是小企业还是大企业，都可以把人才引进的工作交给专业公司来做。

法务部门更不用说了，别说小企业，就是大企业也没有必要养专业的律师。如果有需要，直接与律师事务所合作即可。

现在是一个资源共享的时代，不仅有共享单车、共享充电宝、共享雨伞，还有共享人才。我有一个学员的企业叫蜗客网。蜗客网抓住了时代的脉搏，定位为"企业特需人才共享平台"，平台通过人才共享的模式让中小企业用得起中高端人才。它汇聚了大量的 IT 技术、品牌设计、营销推广、财税法务等方面的高端人才。

部门外包的核心是降低经营风险，即通过部门外包的合作形式，降低企业人才培养风险、劳务关系风险、法务风险，以及经营风险等。

3. 由干到湿

干就是干巴巴的营销；湿就是湿漉漉的营销。这是一个"娱乐至死"的时代，人们不喜欢严肃、呆板、教条的人或事，而喜欢有趣的、好玩的人或事。以明星为例，有的明星长得漂亮，但因为拒人于千里之外，而不受粉丝的待见。那些长得不帅或不美，但幽默风趣的明星，比如郭德纲、黄渤、王宝强、岳云鹏、贾玲等，反而更受粉丝的喜欢，他们自带流量，市场影响力丝毫不逊色于"小鲜肉"。

相对于高富帅、白富美们冷峻的"干"，人们更喜欢"郭德纲"们的"湿"。同理，只有产品却没有故事，只有广告却没有情怀的营销，都属于"干营销"；而段子营销、文案营销、情怀营销和故事营销，统统归为"湿营销"。湿营销，就是有趣的、好玩的营销，这是一种更受人欢迎的营销方式。

近年来，我研究了大量互联网企业崛起的经典案例，归纳出如下四种具有普遍性和借鉴价值的营销思路，供广大企业家，尤其是中小企业家学习和借鉴。

第一种"湿营销"模式是"颠覆传统认知的营销"。

前几年出现了一个非常火的烤鸭品牌——叫个鸭子，这是一家专注于互联网模式的烤鸭品牌。广告语非常刺激和露骨，具有很强的暗示性，叫"满足你对鸭子的一切幻想"。主打产品只有两个，一个是145元的"单飞"套餐，另外一个是价值288元的"双飞"套餐。

消费者看到"叫个鸭子""单飞""双飞"这些难登大雅之堂的词语，肯定觉得它有点儿污，但正因为有点儿污，人们才记住了它。就这样，商家打了个巧妙的擦边球，在以屌丝自居的互联网世里，打造了具有自身特色的营销品牌，在吸引顾客的同时，也引起了投资人的关注。"叫个鸭子"公司刚创立不久，估值就达到了5000万元，更是轻松获得了600万元的天使投资。

当然了，随着国家对互联网行业监管的日趋规范，这类过于简单粗暴的营销方法必将退出舞台，但只要有创意或新意，"颠覆传统认知的营销"依然有其强大的威力。

第二种"湿营销"模式是"有故事、有话题的营销"。

提到黄太吉煎饼，人们不仅会想起清代历史上的皇帝皇太极，也会想到美女老板娘和奔驰车送外卖这些当年一度霸占热门微博榜单的故事。

黄太吉的主打产品就是北京街角都见随处可见的煎饼果子，产品好不好吃，众说纷纭，美女老板娘也绝对谈不上倾国倾城，奔驰车在首都北京也很稀松平常。但是，当煎饼果子遇上了美女老板娘以及奔驰汽车的时候，就成了有故事、有话题的营销。这些素材足以让黄太吉在微博、微信等自媒体上赚足眼球。

一个开在北京国贸，只有十多平方米、13个座位，年销售额仅仅500多万元的小店，创业半年估值就高达4000万元，创业两年估值达到12亿元，这在传统企业看来简直匪夷所思。

虽然黄太吉煎饼这两年的发展势头大不如前，但我们不能否认创业初期它在营销上取得的巨大成功。事实上，传统企业从来不缺生产出"优质煎饼果子"的能力，最缺的是"煎饼果子＋美女老板娘＋奔驰车"这种天马行空的营销策划能力。

再来看一个例子。提到京东，想必大家都知道刘强东和奶茶妹妹的"京东爱情故事"，这个故事为京东平台带来了巨大的传播流量，无形中也为京东节约了一大笔广告费。于公于私，刘强东都乐在其中。相对于赫畅、刘强东这些互联网创业者而言，传统企业的老板还处在"不好意思"的阶段。直白地说，还是没有过面子关。

第三种"湿营销"模式是"有情怀、有深度的营销"。

还说黄太吉煎饼，其创始人赫畅曾经搞过一个叫"世界的背面"主题演讲，演讲的内容不是煎饼果子，也不是营销和创业，而是赫畅对世界的另类思考。他从史前文明讲到了现代科技，从宗教传说讲到了天文奥秘，全都是极其烧脑、八竿子打不着的东西。这个看似有些不务正业的演讲，也为赫畅和黄太吉吸引了无数粉丝。

"罗辑思维"的创始人罗振宇也是一个玩情怀的高手。他抓住人们对过去的一年不舍的情结，在每年的最后一天，雷打不动地举办"时间的朋友"跨年演讲，现场听众过万，直播在线听众超过百万。截至 2018 年 12 月 31 日，"时间的朋友"跨年演讲已经进行了 5 期，罗振宇宣称将连续举办 20 期。

第四种"湿营销"模式是"有创意、有文化的营销"。

曾几何时，凡客诚品的段子式文案营销，让人过目不忘。尽管现在的凡客诚品已经跌入谷底，成为明日黄花，但不能否认它原创的文案营销曾经创造的销售奇迹。

创立不到 8 年时间的江小白，能够在白酒市场竞争的"红海"中，杀出一条属于自己的血路，与其有趣、好玩、有创意、有文化内涵的文案营销分不开。

给大家分享几段江小白在包装上比较有代表性的文案：比如说"走过

一些弯路，也好过原地踏步""不停地喝酒，是为自己找一个放肆想你的借口""我把所有人喝趴下，就是为了和你说句悄悄话""沉默和话痨只隔一杯酒，真心和假意也是"……这些穿透人心的语言，唤起了大家对江小白的好感。

江小白的成功，源于江小白卖的不是白酒，而是"酒瓶子"，是酒瓶子上的情怀。在情怀面前，酒的品质本身反而变得没有那么重要了。

接下来再给大家分享两个由我操盘的"段子营销"案例。

众所周知，羽绒服行业是一个拥有30多年发展历史、产品高度同质化的传统行业。行业领军品牌有波司登、雪中飞、鸭鸭、雅鹿、艾莱依、金羽杰等代表品牌。其中作为上市公司的波司登，旗下拥有波司登、雪中飞、康博、冰洁、双羽和上羽六大品牌，年销售额近60个亿。

威伦蒂是一家成立于1994年的羽绒服品牌，有着20多年的出口历史，2009年开始做内销市场，曾经为波司登、金羽杰等行业知名品牌做代工生产。2016年威伦蒂羽绒服与大势能营销达成战略合作关系，我为威伦蒂羽绒服创作了一系列用于品牌推广的段子文案，威伦蒂也成为国内第一家在羽绒服行业导入"段子营销"的企业，在行业内引起了广泛关注，招商会也取得了巨大成功。

下面是威伦蒂羽绒服的部分段子文案：

暖暖的都是套路；

姐的气质，高山仰止；

姐不是冷，姐是高冷；

领袖营销能量
——破解行业领军企业的营销秘诀

挡得住寒气，遮不住霸气；

小三的妩媚，老大的地位；

气质就是把别的女人气成神经质；

……

通过好玩、有趣的段子文案，为威伦蒂品牌赋予了鲜活的生命力，获得

了目标客户——女性消费者的情感共鸣，大大地拉升了威伦蒂羽绒服的终端销量。2017年，威伦蒂全年销量超过了8000万，相对于2016年，整整提升了2倍。

2018年年初，我受老客户河北贝罗娜啤酒有限公司董事长吴宝春的委托，为其打造一款专为90后年轻消费者量身定制的啤酒——贝罗娜小嘿啤。同样借鉴了江小白的营销思维，为小嘿啤赋予了一系列关于青春的段子宣言：

青春期就是青春和荷尔蒙的不期而遇；

可以愤怒，可以奋斗，但不可以愤青；

青春是用来挥洒的，不是用来挥霍的；

青春可以逝去，但不可以失去；

奋斗的小强，战斗的小嘿；

……

这些朗朗上口的段子为小嘿啤赋予了情怀和文化，大大地拉近了小嘿啤与消费者的距离，也最大化地推动了小嘿啤在全国市场的招商工作。

威伦蒂羽绒服和贝罗娜小嘿啤两个案例告诉我们一个道理：这个世界上没有绝对的原创，在原创基础上适度改造就是最好的原创。营销的核心是实用、是落地、是扎根，因此，学习营销的目的就是能够为我所用，从而实现企业业绩和利润的落地。

4．由显到隐

当前营销第四个重要趋势是由显到隐。显，是显而易见；隐，是隐藏看不见。现在生意之所以难做，原因是客户的需求从过去的"显而易见"发展到了今天的"隐藏看不见"。

显性需求就是刚性需求，比如客户要买房子、买车子、买服装、买吃的、买喝的，作为商家，企业只需要满足客户的需求即可，所以说显性需求的核心就是满足。

然而现在客户的需求隐藏得越来越深了，这就需要商家教育客户、挖掘需求，所以说隐性需求的核心是教育。

在我的课程现场，曾经有一位做蜂蜜的老板，她给我讲了选购好蜂蜜的标准。她说市场上有四类蜂蜜，低端蜂蜜其实都是假蜂蜜，是注了水的蜂蜜；第二类叫作浓缩的蜂蜜；第三类叫非成熟原蜜；最好的蜂蜜是成熟原蜜。判断蜂蜜好坏的关键指标是酶值。出口欧盟国家的蜂蜜，标准的酶值要达到 8 以上。他们公司生产的蜂蜜全都是成熟原蜜，酶值高达 23.3。听完这些内容之后，我就成了她家蜂蜜的忠实用户。这就是教育营销。

营销的最高境界就是教育客户。相对于传统的"王婆卖瓜，自卖自夸"，这种强买强卖的营销模式，显然是一种质的提升。

在这个时代所有的老板都必须成为老师，必须掌握教育客户的核心技巧。老板成为老师，不是空洞的口号，而是时代的需要。

5.由下到上

下，即线下；上，即线上；也就是从线下到线上。随着"互联网+"的纵深发展，未来的营销一定是你中有我，我中有你。

随着传统商业和互联网的持续融合，也许 10 年之后，人们不会再把企业刻意分为传统企业或者互联网企业，届时二者的边界已经变得非常模糊，没有区分的必要。

传统企业"互联网+"大致可分为以下三种类型：

第一种是互联网推广，即利用网络平台进行品牌和产品信息的推广，让更多客户通过互联网知道并找到我们；

第二种是互联网销售,即利用企业官网和电商平台进行产品销售,替代线下渠道或成为线下渠道的有力补充;

第三种是互联网模式,即运用互联网思维或互联网模式,实现产业的颠覆式创新。

从推广到销售再到模式创新,是一个逐步升级的过程。事实上,大多数传统企业不具备模式创新的条件,因为创新需要具备胆识和魄力;而且企业不能为创新而创新,否则就容易犯"挥刀自宫"的错误。

对大多数传统企业而言,由线下到线上,主要是指紧跟形势,进行网络推广或网络销售,这是任何传统企业都无法置身事外的发展潮流。

成言成语:

趋势不等于现实,但趋势一定会成为现实。及早了解当前的营销趋势,才能做到未雨绸缪,掌握更好的营销模式,从而让自己在未来的竞争中立于不败之地。

第三节　向互联网企业学习什么

传统企业面对互联网大潮的到来，到底是该逃避，还是该拥抱？很显然，逃避不是办法，但拥抱又没有方法。自从2015年李克强总理提出"互联网+"以后，传统企业纷纷吹响了转型升级的号角，但"雷声大、雨点小"，说得多，做得少。4年后的今天，很多企业对"互联网+"出现了抵触甚至厌恶的情绪。

我认为，今天的传统企业还是得放下身段向互联网企业学习，但放下身段不能没有尊严，不能妄自菲薄，更不能邯郸学步。

传统企业应该向互联网企业学习什么？学习商业模式吗？学习先进文化吗？学习合伙人制度吗？学习如何找投资人融资吗？都不是。因为对于绝大多数传统企业而言（请注意，不是全部，而是绝大多数），由于不具备先天基因和客观条件，我们学不来，也学不会。必须承认，传统企业和互联网企业是生活在同一个地球但属于两个世界的"物种"，这是客观存在的事实。

传统企业最应该也能够向互联网企业学习的只有"精神"二字。在这里，我归纳了传统企业家最需要向互联网创业者学习的四种精神。

第一种精神是"造梦精神"。

马云"让天下没有难做的生意"的梦想，直到今天都让人听着热血沸腾。黄太吉的老板赫畅的"煎饼相对论"，让人们吃到嘴里的不是煎饼，而是人生和哲学。就连躲在美国造车的贾乐亭，也一度凭着"让梦想窒息"，长期霸占新闻头条，独得资本市场专宠。

造梦，不仅是给内部团队造梦，更是给合作伙伴和消费者造梦。这一点，是当下传统企业家比较欠缺的，也是我们亟需学习和提升的。

传统企业之所以经营乏力、举步维艰，最核心的原因是梦想缺席。没有梦想的老板就没有能量，没有梦想的企业没就有灵魂。没有能量就吸引不来追随者，没有灵魂就吸引不来消费者。

第二种精神是"站台精神"。

大众耳熟能详的互联网创业者，大都是站在讲台上演讲的大咖、路演的高手，包括口才不算出众的雷军、马化腾等，都要经常站上讲台面对数千人做大型路演。

至于讲师出身的马云、俞敏洪等，更是各大峰会争相邀请亮相的焦点人物，拥趸无数。

正因为他们经常"站台"，所以大众非常了解他们，进而了解、关注并认可他们身后的企业。

站上讲台，为自己的企业做路演和代言，是互联网创业者做得好的地方，也是传统企业必须学习和改变的。站上讲台，需要的是勇气，而不是口才。大家如果看到雷军、刘强东早期开会和路演的视频，会发现那时的他们也很青涩，所以，好口才都是练出来的。

第三种精神是"炒作精神"。

炒作精神也称为"PPT精神"。网上动辄有人开玩笑称某某视频网站为PPT公司，这种说法未免有些夸张，但也间接反映了互联网企业的营销长板，那就是炒作精神。

从传播的角度来说，炒作不是坏事。明星不炒作，代言费用上不去；企业不炒作，产品价值上不去。代言费用动辄几千万元的明星都是自我炒作的高手，而真正的实力派往往因为不会炒作或不屑于炒作，而很少代言企业。同理，市场上卖得贵的产品，都是品牌和营销炒作的结果。有人可能会认为奢侈品很少炒作，恰恰相反，奢侈品通过大牌明星代言、世界名模走秀或新品发布会让更多的人知道它，其本质也是一种炒作。

传统企业一定要学会互联网企业这种"炒作至死"的娱乐精神和集"唱念作打"于一身的自嗨精神，这是企业发展过程中必然经历的一个阶段。

第四种精神是"专业精神"。

必须承认，不论互联网创业者懂不懂网络技术，他们的确比很多传统创业者要专业很多。相对于靠机遇、靠资源，或者靠关系起家的传统企业，互联网创业者的专业精神,值得他们去学习。

成言成语:

今天的传统企业还是得放下身段向互联网企业学习。但放下身段不能没有尊严,不能妄自菲薄,更不能邯郸学步。

第三章 百变旗手——领袖魅力，能力无限

第一节 领袖的六大能力

"把握生命里的每一分钟,全力以赴我们心中的梦,不经历风雨怎么见彩虹,没有人能随随便便成功……"一首《真心英雄》唱出了创业者的心声。是的,没有人能随随便便成为一个成功的企业家。做老板,你可以不用面面俱到,但至少要具备以下六大核心能力。

1. 愿景塑造的能力

人不能只活在当下,也要活在未来,企业同样如此。今天很多中小企业碰到了发展的天花板,表面看来是业绩和利润增长乏力,核心却是企业没有清晰的愿景和使命,在前进中迷失了方向。

没有愿景和使命的企业,老板就会小富即安;没有愿景和使命的企业,员工就会唯利是图。因此,中小企业老板的第一大能力就是愿景塑造的能力。

愿景是"成为谁",使命是"为了谁",有愿景的企业才能走得更远,有使命的企业才能坚持得更久。

1921年,中国共产党在第一次代表大会上就明确提出了"实现共产主义"的伟大愿景和"解放全人类"的伟大使命。这一宏伟的愿景和使命让弱小的共产党打败了当时强大的国民党,建立了强大的新中国,并成为世界上最大的政党之一。

马云在创建阿里巴巴之初就提出了"让客户相会、工作和生活在阿里巴巴,并持续发展最少 102 年"的企业愿景和"让天下没有难做的生意"的企业使命,在短短 15 年内成为世界上最大的电子商务平台之一,并成功在美国上市,马云也成为了中国首富。

我在 2015 年创立大势能营销时提出了"做有梦想、有高度、有尊严的世界级智慧输出公司"的企业愿景和"成就 1000 万实干企业家,影响中国经济 100 年"的企业使命,这也是我过去 4 年碰到障碍和困难时从未放弃的创业原动力。

企业家不仅要制定出清晰的企业愿景,更要善于把愿景植入团队的大脑中,让团队深信不疑。这样的企业才能具有钢铁般的意志,才能同仇敌忾地打倒前进道路上的一切"牛鬼蛇神"。

2. 实战实干的能力

泰戈尔曾说:"我睡去,梦见生活就是享乐;我醒来,发现生活就是劳碌;我身体力行后领悟到,原来劳碌中充满快乐。"实干兴邦,空谈误国,实干方有动力与凝聚力,方能将梦想照进现实。

创业初期,老板必须实战实干,必须身先士卒、冲锋陷阵。马云、雷军、马化腾、埃隆·马斯克、库克这些世界顶级的企业家,都是公司最忙最累的人。

"领袖"有两重含义，第一重含义是衣领和衣袖。一件衬衫的领子和袖子和其他地方比有什么不同？是不是比其他地方都要硬？只有比其他地方硬，领子才能立起来，袖子才能更好地支撑整件衣服。领袖的第二重含义是为人表率。成为领袖的第一要素就是"自身要硬"，打铁还需自身硬，自身不硬，就无法打造一支强悍的团队。

因此，公司碰到重大战役，老板一定要有"御驾亲征"的精神和勇气，要成为团队的榜样。

大势能营销创立4年以来，作为公司的创始人，我一直是公司最忙的。创业第一年，从课程研发与交付、客户成交与服务、方案写作与落地执行、团队组建与培训、写书及出版光碟等在很多公司由一个乃至多个团队干的活，我几乎一个人全部搞定。

随着公司日趋规范，我也逐步把手里的工作和权力分出去，但我依然还是公司最辛苦的人之一。这就是创业者的宿命，可谓"累并快乐着"吧。

当然，实干不是机械地埋头苦干，也不是固执地胡乱蛮干。实干需要在实践中加以思考，在行动中累积智慧，踏石留印，稳健前行。

3. 模式创新的能力

营销的死穴是千篇一律，营销的命门是千变万化。营销模式要随着环境的改变而改变，随着产品的改变而改变，随着用户需求的改变而改变。

企业从小到大的发展过程，就是营销模式不断创新与完善的过程。遗憾的是，绝大多数中小企业还是习惯于"一招鲜、吃遍天"的传统营销思维。这就是为什么企业越做越大，而业绩和利润却难以做大的原因。

模式创新一定要由老板亲自带头完善，否则根本推动不了。所以，老板要学习营销模式的创新之道。唯此，企业才能长盛不衰、基业长青。后面我会针对"营销模式升级"做深度剖析，在这里不做过多讲解。

4. 资源整合的能力

整合是一种统率行为，通过整合这个杠杆，可以把分散在不同人手中的资源组合起来，形成一个事业体，创造更多的财富，并在这个增量财富中获取属于自己的一份。相对于创造资源来说，整合资源容易得多。公司不过是躯壳，资源才是血液和灵魂，如何将两者结合，让企业腾飞，是企业家必须完成的修炼。

那么我们该如何整合资源呢？

整合资源的秘诀就是"砸钱"。

在商业社会，"砸钱"是认同的最高境界。敢于"砸钱"的人，永远处于主动地位。舍不得"砸钱"的人，只能被别人整合。企业在生存阶段，需要省钱；在发展阶段，需要花钱。企业能否做大，取决于老板敢不敢花钱，敢不敢花大钱。

团贷网创始人唐军整合巨人集团董事长史玉柱的故事值得我们学习。

出生于1985年的创业者唐军，个人的偶像是东山再起的巨人集团大BOSS史玉柱，但身份的悬殊让他根本没有机会见到史玉柱。

2012年12月，他看到优米网上有一个"名人时间拍卖"的慈善活动，其中的一个名人就是史玉柱。于是，唐军以全部身家的1/4（身家约1000万元）的价格获得了与史玉柱3个小时共进午餐的时间。

这次拍卖时间活动让他有机会见到了偶像史玉柱，并得到了史玉柱的指点和帮助。在史玉柱的引荐下，唐军先后认识了当时民生银行董事长董文标、分众传媒创始人江南春等商界大佬，并成功地把江南春"发展"成团贷网首席品牌营销顾问。

"85后屌丝花巨额资金买饭吃"，这本身就是一个吸引网民眼球的大新闻，媒体关于此事铺天盖地的报道让唐军和团贷网一战成名。此后，随着团贷网知名度的提高，两年内成交额突破31亿，跻身全国第六。

用唐军自己的话说，做老板要舍得花大钱。其实，这不仅是花钱吃饭，更是花钱造势，通过这一顿200多万元的饭，唐军收获了数千倍的回报。

唐军整合史玉柱就是"砸钱"成功的案例。但必须承认，"砸钱"也有局限性，很多资源单纯用钱未必能搞定。如果用钱也解决不了那我们该怎么办？

整合资源的第二个秘诀是"砸价值"。

只要你能发现价值，提供价值，这世上就没有什么不能被你整合的。反过来说，那些不能整合别人也不被别人整合的人，通常是没有价值的。

接下来为大家分享一下如何撬动不同领域资源的通用模型。

政府资源：核心是政绩。在中国做企业，如果能够得到政府官方的认可和支持，无疑会产生巨大的社会影响。那么，如何得到政府有关部门的全力支持呢？那就要满足政府的需求，做它们关心或关注的事情。谁能为其创造政绩、解决民生问题、符合政策导向，谁就能得到政府的大力支持。比如环保、新能源、农业、服务业、创新型制造业等这些国家大力发展的产业，政府的支持力度通常很大。

媒体资源：核心是资讯。媒体最渴望得到的是阅读率、收视率或点击率，唯此才能创造更多的广告收益。提升阅读率、收视率或点击率最好的方法就是掌握更多新鲜、热辣的独家资讯。因此，谁能为媒体提供吸引眼球的第一手资讯，谁就能得到媒体的广泛报道。马云、雷军、董明珠、罗永浩等都是自带流量的网红级企业家，自然是媒体眼中的焦点，会受到媒体的关注和报道。

专家资源：核心是变现。专家们最大的需求是给自己的专利或技术找到可以变现的渠道。因此，谁能理解专家、认同专家，并给专家提供自我发挥的空间或技术变现的平台，谁就能得到专家的核心资源。

银行资源：核心是创收。银行作为一个营利机构，谁能满足银行安全赚钱的需求，谁就能获得银行的资金支持，这就是为什么越有钱的企业，银行支持力度越大的原因所在。

人才资源：核心是空间。俗话说"人往高处走，水往低处流"。越优秀的人才越看重发展空间，谁能给人才提供广阔的发展空间，谁就能获得人才的"肝脑涂地"。

客户资源：核心是好处。获得客户资源的核心是给客户带来好处。客户是这个世界上最不忠诚的群体，客户的本质就是喜新厌旧。客户从来不会忠诚于某个企业，只会忠诚于某个企业为自己带来的好处。

渠道资源：核心是利益。代理商是否忠诚于企业，取决于企业能否给他带来持续而稳定的利益回报。

5.文化统一的能力

很多企业看似因为产品老化、模式陈旧或团队分裂等原因衰败，本质却是企业文化出了问题。苹果的iPhone 3上市的时候，诺基亚不论是研发实力还是市场基础都比苹果强大，为什么没有快速推出智能手机与苹果进行抗衡？因为多年形成的企业文化在短期内无法改变。

文化是企业的魂，企业在发展过程中一定要重视文化的统一。企业文化统一的过程就是老板带头从上到下的宣导过程。如果老板不重视文化或者无法统一文化，企业就是一盘散沙，稍有风吹草动，就会烟消云散。所以老板的另外一个身份就是"首席文化官"。

有人会说，我的企业貌似没有什么文化，不也照样"活"着吗？是的，但这也可能是企业做不大、吸引不来人才的原因。

事实上，世界上不存在没有文化的企业，只有好的文化与坏的文化之分的企业。

文化包含文字，但不限于文字。文化要内化于心，外显于行，而文字只能挂在嘴上，贴在墙上。文化的核心是认同，包括愿景、使命与价值观。认同意味着凝聚力，有足够认同感和凝聚力的团队，才能"指哪打哪、攻无不胜、战无不克"。

中小企业如何实现文化的真正落地生根？下面给大家分享一下文化落地的五个步骤：

第一步：集体形成文字。企业文化的本质是老板的文化，外延是老干部、老员工的文化。因此，企业文化要通过集体讨论，反复修改，并最终形成文字。

第二步：老板反复宣讲。《大话西游》里的唐僧每天不厌其烦地教导孙悟空，让人烦不胜烦，但企业文化的宣讲还真得有点儿唐僧式的"磨叽"劲儿。其实，本质上是在宣讲文化。

第三步：干部带头去做。马云最大的幸福不是会吹牛，而是有一帮能够把他吹过的"牛"变现的管理人员。在企业里面，管理人员是老板和文化的代言人，必须起到言传身教的示范作用。

第四步：员工养成习惯。企业文化的核心就是培养一批带有"自己人味道"的员工。企业文化的落地最终体现在员工的言谈举止上。因此，老板宣讲和管理人员带头的最终目的是让员工养成习惯。

第五步：习惯形成文化。员工的集体习惯就是企业的文化。如果有一天，员工离开公司有不适应、不舒服的感觉，那就说明这家企业的文化已经非常强大了。

6. 成交收现的能力

世界上有两个举世闻名的大画家，一个是荷兰的文森特·梵高（Vincent van Gogh），一个是西班牙的巴勃罗·毕加索（Pablo Picasso），他们二人的艺术造诣难分伯仲，但命运却有着天壤之别。

梵高一生画了上千幅画，但只卖出去一幅。他的一生都是在穷困潦倒中度过的，最后因为没有人欣赏他的艺术而导致精神出现问题。37岁那一年，他扣动了手枪扳机，结束了自己短暂的一生。

同样是画家，毕加索的画广受欢迎，他也因此拥有亿万财富，一生有7个挚爱他的女人。1973年毕加索去世的时候，他留下了7万多幅画作，遗产高达数十亿美元，是世界上最富有的画家。

为什么两人同样是画家，人生际遇却有着如此悬殊的落差？究其原因，毕加索不仅是一个画家，更是一个擅长销售的商人。他不仅画得好，更能卖得好。而梵高只是一个画家。由此可见，不论是个人还是老板，具备成交能力对其人生是何等的重要。

在这个世界上，但凡有建树、有影响力的领袖，都是一顶一的成交高手。

习近平主席向世界提出"一带一路"的提议，李克强总理向各国政府领导人推销中国先进的高铁技术，马云也向各个国家推销电子商务技术，可以说成交是领袖的天职。

人的一生就是一个成交自己和成交他人的过程。成交力是一个人的基本生存能力，也是衡量一个老板是否合格的重要指标。企业小的时候老板需要亲自成交客户，企业大的时候老板需要成交投资人、合作伙伴、银行和政府等。

经营企业可以分为四大版块：产品、客户、团队和成交。其中，产品、客户和团队是三角关系，客户买的是产品，产品需要团队销售，产品是企业盈利的来源。而打通三者关系的就是成交，因此，一个企业做大做强的过程就是企业成交力能量提升的过程。

想提高业绩，最快、最直接的办法，就是提高团队的成交能力。身为老板，自然要有更强的成交力，这不仅是榜样的需要，也是企业发展的需要。普通员工谈普通生意，高管谈高管级别生意，老板谈老板级别生意。普通员工和高管成交的是产品，是渠道，收回的是现金。老板成交的是思想，收获的是人脉与影响力，是远比现金更重要的东西，是未来的现金。

成言成语：

老板不需要面面俱到，但需要具备愿景塑造、实战实干、模式创新、资源整合、文化统一和成交收现这六大核心能力。

第二节 领袖的六大身份

"互联网+"时代，老板在企业中的作用不是在弱化，而是在强化。老板必须从幕后走向台前，从导演变成主演。就像娱乐圈一样，很多优秀的导演本身就是优秀的主演，如张艺谋、冯小刚、张艾嘉、徐静蕾、姜文、徐峥、黄渤等。

很多大众熟知的互联网创业者，也都是集导演与主演于一身。马云在阿里巴巴，雷军在小米，王兴在美团，程维在滴滴，周鸿祎在360，罗振宇在得到，无不都是既做导演又做主演。

作为企业领袖的老板，必须具备并且熟谙以下六重身份，才能在未来的市场竞争中处于不败之地。

一、造梦者

著名喜剧演员周星驰曾经说过："人如果没有梦想，那和咸鱼有什么区别？"很多中小企业家的痛是小的梦想已经实现，大的梦想尚未建立。

因为没有梦想，老板变得越来越现实，跟员工精打细算，与客户锱铢必较，长此以往，员工也变得很现实，客户同样如此，好好的职场变成了充满铜臭味的交易所。

佛祖会造梦，用一张因果轮回的床，造了个极乐世界的梦，在两千五百年后的今天，依然让无数忠实信徒魂牵梦萦。

马云会造梦，用"让天下没有难做的生意"的使命感，加上孙正义的真金白银，把这个梦造得无比高大上，孙正义大赚特赚，他自己也成了互联网世界最成功的企业家之一。

所以，优秀的老板必须学会造梦，并且不断造梦，造就造一个让自己莫名其妙兴奋、乐观到无可救药的大梦。

企业的梦想，要通过愿景和使命体现出来。老板的第一个使命，就是为企业、为员工、为客户、为合作伙伴创造一个让人们热血沸腾、睡不着觉的伟大梦想。

大势能的企业愿景是："做有梦想、有高度、有尊严的世界级智慧输出公司。"梦想、高度、尊严也是大势能公司的价值主张。有违梦想、没有高度的事坚决不做，没有尊严的钱坚决不赚。

2. 造型师

老板应该积极参与到企业文化的建设和产品的研发工作中，成为文化和产品的"造型师"。

在企业经营中，老板、团队、客户是一个铁三角关系，三者缺一不可。

老板与团队之间的纽带是文化，老板与客户之间的纽带是产品。因此，文化和产品是企业最重要的两件大事，也是老板必须亲自参与的两件大事。

企业的文化就是老板的文化，企业的核心价值就是老板的核心价值。文化的设计必须由老板亲力亲为，别人无法替代。

成立于1921年的中国共产党，在近百年的发展史上经历过若干次的整风运动，每一次的整风本质上都是一次文化和思想的洗礼和统一。共产党从一个只有几十人的小党成长为拥有近9000万党员的大党，在党的壮大过程中，先后加入了很多不同领域、不同思想、不同派别的人，他们加入的同时也带来了不同的外来文化。如果不定期整风，则很难保证自身文化的纯洁性和一致性。

企业更是如此。如果一家成立5年以上的企业，没有进行过企业文化的重塑行为，这家企业的魂基本就散了。因此，老板一定要积极地参与到企业文化的构建和重塑过程中。

除了文化，老板要做的第二件事就是参与产品的研发。

很多互联网企业的创始人以产品经理自居，尤其以马化腾、周鸿祎、雷军这些技术流为代表。在这方面，传统企业的老板往往就逊色不少。很多传统企业不关心客户的需求和痛点，不重视产品的研发和设计，从而导致产品滞销、业绩下降。因此，要想提升业绩，老板必须重视和参与产品的研发设计，迭代产品，打造爆品，才能立于市场的不败之地。

3. 路演手

这是一个资源共享的时代，也是一个资源整合的时代。真正强大的企业，不在于自身能量的大小，而在于资源整合得多少。撬动资源的秘密武器就是路演。看看那些成功的互联网企业，大多属于轻资产企业，公司除了几个平民出身的合伙人和一本薄薄的商业计划书外，没有什么特别值钱的。那他们靠什么拿到VC和PE呢？答案是路演。互联网创业者的第一道修炼，就是路演能力的修炼。路演能力就是一对多的资源整合与变现的能力。

这个世界上但凡成功的大企业家，都是"吹牛"的高手，马云、雷军莫不如此。传统企业家缺的就是"吹牛"的能力。绝大多数传统企业家都是实干家，往往做得多说得少，甚至做了也不说。说得直白一点，路演能力就是站上讲台"吹牛"的能力。

在资源整合时代，不仅要干得好，更要说得好，老板们要像雷军、罗永浩一样，成为企业的第一路演手，具备站上讲台一对多路演的能力。

由我本人主讲的《路演势能》课程，核心就是手把手地教老板站上讲台进行路演，通过系统地学习，把老板打造成优秀的路演手，通过一对多路演进行产品销售、吸引人才和获得资本。

4. 代言人

眼球经济时代，明星代言是一个不错的选择。巩俐代言美的空调，李玟代言波导手机，王力宏代言娃哈哈纯净水，都是中国营销史上明星代言的经典案例。

电视为王的时代,通过明星代言让很多企业创造了一夜之间"乌鸡变凤凰"的营销传奇。但随着明星代言费用的不断攀升,如今一线明星两年代言费用至少千万人民币,这对中小企业而言可望而不可即。此外,明星代言还存在着诸多风险。近年来很多明星陷入吸毒、嫖娼、出轨、家暴等丑闻,不仅让代言费用打了水漂,更有甚者会波及企业形象。

商界网红董明珠索性取消明星代言,自己亲自担任格力空调的代言人,以自己的人格和信用为企业品牌进行背书。这一点值得广大中小企业家学习。

既然没有钱找明星,干脆自己为企业代言。当然,这里所说的代言不是把自己放在平面广告上或像陈欧一样做电视广告的主角,而是时时刻刻宣传品牌,推广品牌,让更多的人因为老板的"背书"而了解品牌、爱上品牌。

我是大势能营销的创始人,更是大势能营销的代言人。我代表大势能,大势能代表我,我和大势能是一体的。

5. 服务生

Netflix(网飞)的创办人里德·哈斯廷斯讲过一件事情:在他职业生涯初期的某一天,他意外地提前来到了公司,然后非常意外地发现公司老板正站在水池边,卷着袖子,十分卖力地为他清洗咖啡杯。而在此之前的整整一年里,哈斯廷斯一直以为杯子是门房帮自己洗的。他略显尴尬地问:"为什么您会帮我洗杯子呢?"老板回答:"你工作那么努力,为我们付出了那么多,这是我想到的唯一能为你做的事。"

一个人能量的大小取决于服务人数的多少，越小的老板越喜欢高高在上地指挥员工，而越大的老板越懂得弯下腰服务员工。随着市场竞争环境的变化，人才和客户对企业越来越重要。老板唯有放低自己，以服务生的姿态对内服务员工，对外服务客户，提高员工和客户的满意度，才有可能吸引到更多的人才和更优质的客户。

6. 纵横家

纵横家是先秦诸子百家之一，其开山鼻祖是鬼谷子及其4个徒弟苏秦、张仪、孙膑和庞涓，他们都是当时叱咤风云的人物。纵横家的核心能力就是整合能力，它能简化企业的成长模式，让企业成长变得简单，变以往的"逐级跳"为现在的"撑杆跳"。

纵横家是商脉运营家。商脉等于商机加人脉。一个优秀的老板一定是一个一流的资源整合专家。互联网时代，闭门造车、低头拉车的打法已经过时，唯有打开大门、整合资源，方能做大做强。资源整合的本质就是"不为我所有，但为我所用"。谁的整合能力强，谁的企业就能做得大。因此，老板的第六个身份就是成为纵横家，大刀阔斧、纵横捭阖地整合企业发展中所需要的各种资源。

宁夏成功红黛墨酒庄是大势能营销的战略客户，我本人也兼任董事和营销总裁。成功红黛墨酒庄的创始人苏长山就是一个资源整合的纵横家。成功红黛墨酒庄的股东里有明星范冰冰、上市公司步长制药的董事局主席赵涛（嘉兴英飞投资）、汉景家族旗下投资公司上海听旺投资中心、宁夏金维制药董事长汪丹娜……除此之外，成功红黛墨酒庄还打败了众多竞争对手，获得了世界上最大的脱毒葡萄苗木供应商——法国梅西集团中国地区的独家代理权，这是成功红黛墨酒庄在中国葡萄酒市场的核心竞争优势。

2019年，我将协助成功红黛墨酒庄在天九平台进行招商路演。天九集团是国内最大的企业家社群组织之一，拥有近百万优质的高端企业家资源。相信有大势能营销和天九集团的助力，成功红黛墨酒庄能够在最短的时间内实现弯道超车，"让世界爱上中国红"。

成言成语：

老板作为企业领袖，必须具备并且熟谙造梦者、造型师、路演手、代言人、服务生、纵横家这六重身份，如此才能在未来的市场竞争中处于不败之地。

第三节 领袖的六大思维

人与人之间最大的差别是什么？不是出身，不是财富，不是外貌，而是思维的差别。

企业与企业之间最大的差别，是老板的思维差别。作为企业带头人，企业领袖必须具备以下六大思维，方能与时俱进，成为时代的弄潮儿。

1. 内向思维

内向思维是聚焦自身的思维模式，就是当有问题时，要从自身来寻找问题的原因和答案，而不是向外去寻找原因和答案。很多人的习惯就是，一出现问题，首先是寻找别人的原因，认为是别人的错误导致了现在的问题，却丝毫不去审视自身，也不去反思自己工作中的问题。结果搞得大家都不愉快，相互指责，甚至大打出手。

内向思维最重要的贡献就是要让我们从自身去寻找问题，并加以改进和解决。指责别人是容易的，控制别人是不容易的；另外，人们控制自己是容易的，反思自己是不容易的。孟子曾说过"行有不得者，皆反求诸己"，这句话强调的意思是，凡事遇到挫折和困难，就要自我反省，一切从自己身上找原因。出现问题归因于内，向内求解，而不是归因于外，向外求解，这就是内向思维，也是解决问题的正确之道。

随着经济的下行，越来越多的老板习惯于把公司不赚钱、业绩下降的责任归咎为环境不行了或员工不听话了。这种对外在环境的抱怨如同病毒一样，只会加速企业的衰退。

抱怨是死亡的开始，感恩是成功的基石。如果一家企业，老板都在抱怨，那么高管和员工也一定会抱怨。因此，企业领袖要修炼感恩的能力——感恩国家，感恩政府，感恩行业，感恩团队，感恩客户。当我们心怀感恩的时候，就会变得乐观而坚强，也就会找到各种方法解决难题，实现企业的逆势上扬。

马云曾在演讲《我的一生就是分享经历的失败和坚信的理想》中说："我发现那些总是乐观的人，他们总是看到更光明的未来，他们甚至不会抱怨。因为当人们抱怨的时候，他们正在失去机会，并且被抱怨遮挡了思想。所以我从这其中学到了，机会何时出现？当世界充满了抱怨的人，那么这个世界处处都是机会。你可以解决人们抱怨的问题，那是个很好的机会。而且我发现我的很多高中、大学朋友，这些年我遇到他们，唯一的发现是，他们总是在抱怨。"

2. 预见思维

"凡事预则立，不预则废""人无远虑，必有近忧""居安思危，思则有备，有备无患"，这些老祖宗留下来的宝贵经验告诉我们思考未来是何其重要。

绝大多数中小企业的老板习惯于低头拉车，缺乏抬头看路的意识，以致走着走着突然发现前方没路了。

近年来，国家先后推出了金税三期、营改增、两税合并、CRS 等税收政策，长期缺乏财务知识和税务风险意识的老板突然间变得紧张起来，开始到处学习各种财务课程，研究如何避税。

老板们之所以屡屡跟风、随波逐流，都是自身不具备预见思维导致的。

预见思维就是对企业、行业和社会未来发展的趋势进行预测和思考，对未来的趋势进行清醒认识、分析判断和思考采取何种策略的思维。

1994 年，39 岁的微软创始人比尔·盖茨 (Bill Gates) 首次成为全球首富，直至今天，他累计做了 24 年的全球首富。比尔·盖茨的成功，很大程度源于他自身超强的预见能力。

大三的时候，比尔·盖茨离开了哈佛大学并把全部精力投入到他与孩提时代的好友保罗·艾伦（Paul Allen）在 1975 年创建的微软公司中。在计算机将成为每个家庭、每个办公室中最重要的工具这种信念的引导下，他们开始为个人计算机开发软件。比尔·盖茨的远见卓识以及他对个人计算机的先见之明为微软和软件产业的成功发展做出了巨大贡献。经过不到 30 年的奋斗，比尔·盖茨的超前思维变成了现实的果实，微软也成为了富可敌国的企业。

与成功的比尔·盖茨相比，那些缺乏预见思维的企业家，不仅无法傲立潮头，引领行业，而且随时都面临着被高速发展的社会所抛弃的风险。这方面的例子不胜枚举。

预见思维既不是凭空想象，也不是主观臆断，是建立在每个人所具备的知识、经验、信息和思维水平基础上的综合判断与大胆的想象，这种判断与想象一旦形成，将会在每一个企业家心中形成强烈的方向感、远大的目标感。企业的方向和目标，会指引企业通过坚持不懈的努力，达到成功的彼岸。

"不谋万世者，不足以谋一时"，古人这句名言，既是对不具备预见思维能力的人的警示，也是对具有预见思维能力的企业家的启迪。因此，企业家在新世纪的搏击中，一定要具有预见思维，具有"远见"，方可达到"谋定而后动"的境界。

3. 开放思维

中国的崛起源自1978年开始的改革开放，尤其是2001年加入WTO后，中国正式融入世界经济一体化，经济迎来蓬勃发展。

闭关锁国注定落后挨打，改革开放才能做大做强。经营企业同样需要具备开放思维。

开放思维是指突破传统的定式思维和狭隘思维，是多视角、全方位看问题的一种思维模式。相比之下，封闭思维则把事物彼此割裂开来、孤立起来，这种思维具有保守性、被动性和消极性等形而上学的静止性思维。

具备开放性思维，就能够不断地有所发现、有所发明、有所创新、有所前进。具备营销思维是企业生存的首要条件，具备开放性思维是企业发展的前提条件，没有开放性思维的企业是不可能发展的，因为它会很快被先进的企业淘汰掉。所以说，只有老板具有开放性思维，企业才能做大做强。

近年来，我先后以个人或公司名义与长松咨询、聚商圈、李强365等机构进行开展战略合作，并与李强、赵强、洪生、贾长松、王晓芳等不同领域的权威老师深度交流与学习。

2019年，大势能营销将在坚持做大自己的同时，与更多有能量的老师和平台合作，去影响和帮助更多的中小企业家。

4. 赋能思维

在2017年广州《财富》全球论坛中，"赋能"一词被广泛提及。马化腾说，他希望腾讯能成为一家赋能公司，帮助其他公司发展。联想集团CEO杨元庆表示，AI（人工智能）驱动着第四次工业革命，联想要做推动者和赋能者。

所谓赋能，顾名思义，就是为某个主体或某个团体赋予某种能力或能量。它最早是"积极心理学"中的一个名词，旨在通过言行、态度、环境的改变给予他人正能量。

中小企业发展到今天，业绩和利润下降的原因除了宏观环境外，也和自身能量的不足分不开。中小企业如同一辆在高速公路上急速行驶了多年的老旧汽车，长期不保养、不加油，甚至不知道能不能刹车……显然，它们不是被竞争对手打死的，而是被自己活活累死的。

因此，广大民企老板一定要具有赋能思维。

首先是领袖自身赋能。一个无精打采、没有激情的老板带不出一支充满能量的团队。老板要告别抱怨指责、不修边幅、拒绝成长等负面思维，从梦想、形象、口才、专业、故事等维度全面为自己赋能。

其次是品牌赋能。品牌要告别没有形象设计、没有广告投入、没有独特个性的"三无"状态，从名称、概念、包装、故事四个层面为品牌赋能。

最后是产品赋能。告别同质化、低价化、边缘化和短命化的弱势产品时代，从独特卖点、个性包装、故事增值、方案设计等维度进行产品赋能。

5. 跨界思维

互联网对传统产业影响最大的是跨界。过去，"丁是丁，卯是卯"，行业之间讲究"井水不犯河水"，行业边界非常清晰。随着市场竞争的日益加剧，行业间的相互渗透与融合，已经很难清楚界定一家企业或一个品牌的属性，跨界已经成为商界最流行的话题。

康师傅和统一方便面的销量急速下滑，但它们的对手不是白象、今麦郎，而是美团、饿了么等外卖巨头；绿箭、益达等口香糖市场大幅萎缩，打败它们的也不是同行，而是微信和王者荣耀；共享单车抢了黑车生意，也让大量自行车铺关门大吉；干掉小偷的不是警察，而是微信和支付宝……

其实这样的变化并不只是今天才产生，遥想当年，数码相机的问世让柯达转变业务方向；智能手机的发展又让尼康退出中国市场；360直接把杀毒变成免费，间接淘汰了金山毒霸；余额宝的出台，变相抢了银行的饭碗；微信的出现，则使短信沦为收发验证码的工具……

我消灭你，与你无关，这是对"跨界打劫"最生动的描述。新模式创造了新生活，在这个飞速变化的时代，创新已经从"黑天鹅"到了"黑天鹅湖"，移动互联网与智能相关的设备的快速发展，不但急速改变着企业的价值创造模式，也改变了每个人的生活和消费模式。

领袖营销能量
——破解行业领军企业的营销秘诀

跨界思维，是最简单、最有效的创新思维，甚至是颠覆性、变革性的思维。跨界，指的是突破原有行业惯例和常规，通过嫁接其他行业的理念和技术，从而实现创新和突破的行为。跨界的本质是创新，而创新是突破发展瓶颈的最佳方式。

讲到这里，很多人开始犯嘀咕了，中小企业到底是该本本分分地做好主业还是"不安分"地跨界创新？就如同多年前，人们纠结于是专业化好还是多元化好一样，还是那句话：适合自己的就是最好的，具备跨界能力和实力的企业就该做跨界的事儿，实力和能力达不到的企业就该踏踏实实地做好主业。

强调一点，任何的跨界都不能背离自己的核心能力。跨界是为了赋能，赋能的前提是你自己要足够强大。

IBM是不断跨界创新的典型。IBM一开始是生产打字机和文字处理机的，"第二次世界大战"后开始生产M1卡宾枪、自动步枪等武器，20世纪六七十年代协助美国太空总署完成"阿波罗登月计划"，还建立了一套银行跨行交易系统，并同时设立了航空业最大的在线票务系统，到八九十年代又率先进入个人电脑的生产和销售领域。

IBM的跨界成功离不开自身的核心能力，即依托信息技术提供商业解决方案，并能够将技术创新与大规模工业生产完美结合的能力。这种能力是别人难以超越和无法替代的。

再来看一个例子，创立于1976年的苹果公司是做个人电脑起家，2000年推出 iPod 音乐播放器，2007 年推出 iPhone 手机，2010 年推出 iPad 平板电脑等。一次又一次的跨界成就了苹果公司的商界传奇，苹果成为人类历史上第一个市值突破万亿美元的科技公司，也是目前世界上最会赚钱、现金储备最多的公司。

苹果公司的跨界成功同样离不开自身的核心竞争力，即基于用户需求的、超强的技术创新能力。

IBM 也好，苹果也罢，这些案例仅供启发思维，不具有学习意义。因为和他们比起来，绝大多数中小企业的体量、规模和实力还很弱小，但是我们可以把跨界思维运用到产品开发和营销中来。

举例来说，从事 6 岁至 12 岁舞蹈教育的学校，可以增加"全脑开发""亲子教育""夫妻关系"的课程。只要孩子报名舞蹈班，就赠送"全脑开发"或"亲子教育"课程，转介绍客户就赠送父母关于"夫妻关系"的课程。通过后期的课程还可以进一步深挖客户的需求，创造更多的盈利点。这叫产品跨界思维。

舞蹈教育学校还可以和所有 6 岁至 12 岁客户群体重叠的机构进行跨界营销，如书法教育学校、音乐教育学校、全脑开发学校、礼仪教育学校等机构进行相互引流，这就是当下比较流行的"零成本拓客"的营销跨界思维。

6. 变现思维

变现，是一个当前极其热门的词语，变现思维就是把资源变成现金的思维，同样是画家，具备变现思维的毕加索在社会影响力和个人财富上远高于梵高。因此，老板唯有具备变现思维才能把企业做得更大更强。

产品放在仓库里不变现就会变成一文不值的库存；资金放在银行里就会贬值和缩水；朋友圈这个"人脉账户"长期不激活就会变成累赘，朋友圈中的朋友长期不联络便会变成陌路人。

以"人脉账户"为例，经常有老板带着炫耀的口吻说，他的微信里有5000多个好友。貌似这些人都是他的宝藏。其实朋友圈真正有价值的人并不多，何谓有价值？从商业的角度来说，就是能给你带来收益的人。朋友圈长期不互动，彼此连个"赞"都不点，随着时间的流逝，你甚至都不知道朋友圈里还有这样一个人，最后的结局就是一方被另一方拉黑，从此彻底沦为陌路人。什么叫朋友？朋友就是你捧我有，我捧你有，大家捧一起有。说白一点，朋友就是用来相互"利用"的，否则朋友之间"老死不相往来"，最后谁都不好意思主动联系对方，彼此便成了陌生人。

既然变现思维如此重要，那么企业领袖们该如何培养变现思维呢？

首先要有变现的意识。在网络时代，流量并不值钱，把流量转化和变现才值钱。企业家要有变现意识，争取让自己企业的所有劳动成果都能够变现。

其次要有变现的能力。成为专家是变现的一个重要条件，罗振宇、吴晓波就是他们所在领域的专家，他们都是将自己的知识变现的典范。同样老板也要成为本企业、本行业的专家，这样才能将自己的知识输出，实现变现。

最后要有变现的资源。事实上，每家企业都有很多可以变现但往往被老板忽视的资源。如企业在商业活动中使用的标志、名称、图像等,以及他们自己的专利发明、外观设计、文学和艺术作品等知识产权,甚至库存、营业执照、现金流水都可以进行融资变现。

成言成语:

作为企业带头人,领袖必须具备内向思维、预见思维、开放思维、赋能思维、跨界思维和变现思维这六大思维,方能与时俱进,成为时代的弄潮儿。

第四节 企业的六定模型

"8"是很多国人追捧的吉利数字,但逢"8"的年份却常常不顺。

1998年中国遭遇了亚洲金融风暴和特大洪水灾害,中央人民政府首次提出了"保八"的目标;

2008年全球金融危机、国内汶川大地震,既定的经济政策被迫转向,应急推出的"四万亿计划"持续影响中国经济多年;

2018年开局雄心勃勃、斗志昂扬,在国际国内经济环境的巨大变化下,既定发展步伐再次受到干扰,经济下行,压力增加,很多创业者陷入焦虑与不安。

这一年,中美贸易战、人民币汇率、物价房价飙升等一系列因素不断冲击着国民经济,传统行业、互联网公司相继"爆雷",中小企业的生存环境日益恶劣。一方面,中小企业资金链断裂、拖欠工资、大规模裁员、老板跑路已经成为常态;另一方面,上至国家主席,下到各大部委为中小企业密集发声。无不昭示着中小企业举步维艰的生存现状。

2018年9月28日,万科集团秋季例会出人意料地喊出了"活下去"的口号。在乐观者看来，郁亮此举不免显得战战兢兢、缺乏自信；但在悲观者看来，"地产老大哥"都焦虑了，中小房企还有活路吗？显然具有忧患意识的郁亮不只是说说而已，万科集团围绕"活下去"这个目标，宣布去地产化，公司更名时将地产去掉、强调收敛和聚焦战略、大刀阔斧地进行人事改革、厦门万科打响降价第一枪……动作如此大，万科显然无暇顾及如何当老大，而在考虑如何活下去了。

一叶知秋，万科一定不是个案。通过万科公司的一系列举动，我们真真切切地感受到了中国中小企业的"冬天"已经来临。悲观主义者认为，2019年是过去十年经济环境最差的一年，也将是未来十年经济环境最好的一年。在这样一个大环境下，中小企业到底该如何"过冬"呢？

首先，我们预测一下在未来五到十年哪些企业的日子将会比较难过。如果你的企业具有以下特征，请提早做好转型准备。

1. 重资产运营

中国经济的飞速发展，离不开改革之初的重资产战略。修路、修桥、房地产、钢铁、煤炭、水泥等都是在城市化进程中属于"当红炸子鸡"型的产业。但随着改革的纵深发展，重资产驱动增长的模式越来越不具有持续性。

重资产型企业，业务在不断增长，成本也水涨船高，而且增长更快。相应的，企业的盈利水平在下降，很多企业一年的利润甚至不如商业银行一年的定期存款利率，就连经营最好的那些公司也不例外。以华为公司为例，虽然增长还在继续，但利润率却在逐年下降：2016 年，华为的利润率为 9.1%，相比 2015 年的 11.6% 下降了 2.5%；2017 年利润率为 7.9%，相比 2016 年下降了 1.2%。

重资产驱动下的扩张获得了市场，失去了利润；做大了规模，丧失了竞争力。一旦行业陷入低迷，或者宏观经济放缓，企业的盈利压力便会增大，甚至出现亏本的现象，企业陷入"增长陷阱"，即高成本下的低增长、不增长甚至负增长，这是本土企业面临的普遍问题。很多大型企业尤其是国企、央企，不是明亏就是暗亏，有的账面盈利，但不是来自主营业务，而是卖掉一块地、剥离一些子公司的财务结果。

下面我们来看一下上市公司的实际状况。数据显示，2018 年以来，至少 33 家上市公司公告卖房。2018 年 12 月 5 日，华伍股份发布公告，公司将位于江西丰城市河洲街道的闲置国有土地使用权及地面建筑物房产以合计 3146 万元的价格转让。公司财报显示，2018 年前三季度，华伍股份的营业额 6.32 亿元，净利润 4930 万元。华伍股份称，本次转让的标的资产为公司老厂区土地使用权和建筑物，转让将有利于盘活公司闲置资产，本次交易预计将产生利润约 1516 万元。

2018 年 11 月 29 日，前三季度净利润为 –539.5 万元的浙江世宝宣布，将以 1204 万元的价格出售位于佛堂镇车站路的房屋。此外，远东传动、中能电气、中迪投资等纷纷公告出售房产。

2018 年年底，电广传媒因为 2 亿元出售徐悲鸿的名画《愚公移山》而受到关注。被称为"中国传媒第一股"的电广传媒，主营业务涵盖有线网络、传媒内容、投资管理、旅游酒店、互联网新媒体等。电广传媒 2017 年业绩显示为亏损状态，2018 年前三季度净利润亏损约 1.35 亿元，无奈之下只得通过出售名人字画的下策来实现业绩的扭亏为盈，以此躲过公司被 ST 的命运。

上市公司通过卖画、卖房、卖股票的方式实现企业盈利这种看似笑话一样的新闻，真实地反映出当下重资产企业的困境和囧途。

2. 现金流短缺

这是一个现金流大于利润的时代。如果一家企业想赚钱，但没有现金流，企业有可能破产；反之，企业不赚钱，但手里有大量的现金，日子照样过得风生水起。

我们先通过一个小故事更好地认识一下现金流对于企业经营的重要性：

一个游客路过一个小镇，他走进一家旅馆给店主 1000 元现金，挑了一个房间。他上楼以后，店主拿着 1000 元给了对门的屠夫，支付了肉钱；屠夫去养猪的农夫家里，把欠的买猪的钱付清了；农夫还清了饲料钱；饲料商贩还清了赌债；赌徒赶紧去旅馆还了房钱——这 1000 元又回到旅馆店主手里。就在此时，游客下楼说房间不合适，拿钱走了；但是，全镇的债务却还清了！

看完这个故事，请问：有谁亏了吗？一个也不亏！没有这 1000 元现金，大家都还在相互持续地追债，后果不堪设想。可通过外地游客带来的 1000 元现金流动了一下，大家的债务就全部解决了。这就是现金流的神奇之处！

"得现金流者得天下"，企业必须想尽办法获得现金流。现金流是公司的血液，只有流动起来，才能产生利益，也才会推动公司的发展，而如果没有足够的现金流动，公司必然会陷入生存危机。

3. 战略不确定

战略目标清晰的企业也会经历低谷，但因为有目标、有信念，往往能够快速走出低谷，甚至实现弯道超车。每一次经济危机，都会摧毁一批企业，也会成就一批企业。正所谓，危机危机，就是危中有机。

在经济下行时期，最痛苦、最危险的企业是战略不清晰、不确定、不聚焦的企业。发展方向不明确、主打产品不清晰、处于战略摇摆阶段的企业日子将会非常艰难。经济低谷期，企业试错的成本越来越高、风险越来越大。

"互联网+"时代，因为战略目标不明确、不坚定，很多中小企业存在或随波逐流或莫名其妙转型的奇怪现象。

两年前，有一个浙江做保温杯的老板很兴奋地对我说，他正在转型做一个基于孝道文化的电商平台。老板的初心是弘扬孝道文化的同时做大孝心市场，他自信地宣称该项目得到了当地政府的大力支持（实际上是口头表态，而非资金或资源支持）。

在中国，很多老板喜欢把情怀当成事业来经营。老板因为自己是个孝子，同时国家也在弘扬传统文化，就想当然地以为这是一个"风口"。

我直言不讳地告诉他，在这个项目里，他犯了以下几个错误：

第一个错误是以文化为核心打造电商平台，而不是以客户需求为核心。

第二个错误是孝道是国家弘扬的主旋律，但不是个人引以为豪的标签，在富有的家庭中没有人刻意标榜自己的孝顺，相反在贫穷地区人们更在意孝顺。

第三个错误是锁定的目标客户群体是没有购买力的穷人——"自古寒门出孝子"。他们的购买力有限，也不习惯网络购物。

第四个错误是这个项目的很多设想来自老板自己的想当然，而不是客户的实际需求。比如通过把父母在家里的生活拍摄成视频、刻录成光盘，寄给远在他乡的子女，这在微信随时可以视频的时代，简直是多此一举。此外，老板希望子女给父母送礼物的时候，来他的"孝心网站"一站式购物，这同样也是一厢情愿的想法。人家完全可以去品牌好、产品全的网站，如京东、天猫、淘宝、唯品会等网站购买，为什么一定要来你这个不知名的网站消费呢？

还有一个更重要的原因，传统企业不是不可以转型，而是要在自己擅长的领域转型，如果完全进入陌生行业，一定输多赢少。一个做了二十多年保温杯的老板，连互联网概念都没搞明白，就一头扎进电商平台，无异于飞蛾扑火。

很遗憾，当一个人下定决心做一件事情的时候，根本听不进任何反对意见，该老板依然坚持自己的"初心"和想法。遗憾的是，2年后的今天，在百度上连他的网站都搜索不到了。

4.非专业生存

当我提到专业性生存的时候，很多人可能会产生疑问，我在前面讲到老板的六大思维的时候，不是提到了跨界思维了吗？怎么现在又强调专业性了呢？是不是有些前后矛盾？

我在讲跨界思维的时候提到了一个关键词叫"核心能力",没有核心能力的跨界叫"出轨"。郭德纲不论是做主持还是做导演或演电影,他首先是一个相声演员,这是他的核心能力,也是他的专业。小沈阳不论是唱歌、演电影还是做导演,他首先是一个小品演员,这是他的核心能力,也是他的专业。近年来小沈阳的人气下降和他的核心能力退化是分不开的。

这是跨界打击的年代,更是专业制胜的年代。有专业的人永不失业,有专业的企业永不破产。

中小企业必须放弃靠机遇、靠关系、靠资源生存的粗放打法。这些年,山西、辽宁等资源型大省企业的日子都不太好过,它们过去赚钱全凭关系和资源,现在关系和资源没了,钱也就赚不到了。

因此,未来非专业生存的企业,日子会越来越不好过。

5. 闭关式经营

很多企业不与同行交流,生怕同行会带走客户或团队,其实这种担心大可不必。如果企业做不大,不能给员工安全感,给客户带来价值,员工和客户便会主动离开;如果企业做大了,更多优秀的人才和客户便会被主动吸引进来,这就是企业的能量场。

一个国家闭关自守就会落后,一家企业闭关自守就会落伍。资源整合的时代,谁开放,谁发展。开放的背后比拼的是老板的格局和胸怀。团队、客户和市场是守不住的,唯有开放,才能吸引更多的团队、客户和市场。

我在创业初期,也曾经犯过"完美主义"错误。在招聘员工,尤其是高管上,先看价值观是否同频,导致公司与很多有能力的人才擦肩而过。后来,我发现"价值观同频"这句话本身没错,但对初创企业来说,要求就有些高了。因为自身弱小,企业不具备与优秀人才谈判的筹码,所以,初创阶段必须把门槛放低,先让更多的人进来再说,等到人多了,企业才有资格去优化团队。

6.格局打不开

什么是格局?格局就是一个人的眼光、胸襟、胆识等心理要素的内在布局。

未来的企业,比拼的不是老板的能力,而是老板的能量,即格局。能量强者、格局大者赢未来。没有格局,不舍得分钱、分权、分名的企业注定做不大。

我本人最大的追求是成为一个有价值、能够真真正正帮到中小企业的老师,而不是老板。未来的大势能一定是一个共享的平台。大势能在发展过程中将逐渐稀释股份,吸引更多有能力的人才、有能量的客户加盟。当有一天我不再做管理,而是安安静静地做一个讲台上的"美男子"的时候,那一定是我人生中最幸福的时候。

如果你的企业具有上述特征,请提前做好转型升级的准备。那么,我们该从哪些方面着手准备呢?

圆规为什么能画出圆?因为心定、脚动。为什么很多中小企业做不大?因为老板心不定、脚不动。面对当下的经济困局,具有上述特征的中小企业如何活下来？我开出的药方就一个字：定。凡是能"定"的企业将活得多姿多彩，凡是不能"定"的企业将活得无精打采。具体来说，中小企业要实现哪些"定"呢？

第一是定决心。现在很多企业之所以后劲乏力，很大原因是创业者的决心不够坚定。经济下行期，太多的老板处在纠结状态。有些老板纠结是继续做企业还是玩投资，有些老板纠结企业要不要转型，有些老板纠结自己是否退休。人一旦纠结便会定力不足，老板一纠结员工就会发慌。

2019年，企业要想健康地"活着"，老板就必须下定决心，告别纠结，排除万难，与团队风雨同舟、荣辱与共。

第二是定方向。没有最好的方向，只有明确的方向。一旦方向确定，哪怕错的也能走成对的。一旦方向不定，即使对的也会变成错的。

唐僧的方向只有一个，就是"向西"，一旦方向坚定了，哪怕再苦再难再累，那都不是事儿。

出租车在什么时候最容易出事？空车的时候，也是方向不定、目标不定的时候。

今天，很多中小企业如同放空的出租车，还处在寻找和选择方向的阶段。这类企业很难持续走下去。

第三是定模式。当下究竟哪种模式是最好的，我们无法评判。只能说，哪种模式适合你，哪种模式就是最好的。现在关于商业模式的课程非常多，有些老板爱学习，什么火就学什么。学完就想试一试，导致企业整天换模式、换打法,员工也跟着疲于应对、苦不堪言。

第四是定产品。产品是市场竞争的根本,企业不仅要有具备市场竞争力的爆款产品,还要有引流拓客的诱饵产品。

第五是定团队。定团队的意思是老板必须得有靠得住的人。如果老板身边没有左膀右臂,没有靠得住的铁班底,老板就会孤独和无助,企业注定走下坡路。

第六是定客户。定客户是指定锁核心客户。一家公司如果不断开发新客户,却留不住老客户,公司会越做越小。只有锁定核心客户,企业才有未来。

> **成言成语:**
>
> 凡是能定的企业将活得多姿多彩,凡是不能定的企业将活得无精打采。2019年,日子不好过的企业要定决心、定方向、定模式、定产品、定团队、定客户,提早做好转型的准备。

第四章 八卦模型——全面升级，能量无限

第一节 八卦模型：构建八卦阵法，开启升级能量

"十三五"期间，政府提出了转型升级的国家发展大战略。中国经济经过长达40年的飞速发展，已经进入了相对平稳期。经济下行，是当下也是未来很长一段时间内的主流趋势。

在经济下行期，上至国家，下到企业，都面临着转型与升级的时代命题。尤其是在2015年李克强总理提出了"互联网+"的国家战略后，传统企业纷纷加入到了转型升级的大潮中。如今已经过去了4年，大量的企业或主动或被动地尝试过转型升级，但成功的寥寥无几。一句话概括，那就是：没转型的遗憾，转过型的后悔。

那么，传统企业到底该不该转型呢？

回答这个问题之前，我们先来思考一下"传统企业为什么转型"的问题。我认为，传统企业转型的原因有两点：第一点，受宏观环境的影响，在经营上确实遇到了业绩下滑、利润下降的发展瓶颈；第二点，整个社会环境，上至政府、媒体，下到企业家圈子言必谈转型，好像不转型民企就没有活路。

这几年，我以营销顾问的身份，协助很多中小企业进行转型升级。我发

现，转型和升级是完全不同的两件事。绝大多数企业并不适合转型，而应该升级。

何谓转型？打个通俗的比喻，转型就是"变性"，就是改变性别。大多数人做不到，大多数企业也同样做不到。勉强去做，必定受伤。而升级相当于化妆，充其量算"微整"，只要愿意去做，一定可以做得到。

转型是进入陌生的领域，这违背了"做熟不做生"的创业定律；升级则是在熟悉的领域制造新鲜感，找回创业动力，激活营销能量。转型是"做最好的别人"，升级则是"做最好的自己"。很显然，一味地模仿别人，人云亦云，不如做回自己，做好自己。

对于大多数传统企业而言，不要总是想着如何去转型，而是应尽可能地从营销系统升级做起。

这几年，我提出了传统企业营销升级的"营销八卦阵"，乾卦是回归主业；坤卦是模式创新；震卦是品牌增值；巽卦是爆款产品；坎卦是借力扩张；离卦是提前收款；艮卦是客户裂变；兑卦是团队孵化。

回归主业，解决思想问题。对传统企业来说，当下最根本的问题是在转型还是坚守上摇摆不定。只有坚定立场、坚守主业，才有营销升级的必要性。

模式创新，解决方法问题。很多传统企业能够走到今天，全赖"一招鲜、吃遍天"的营销模式这一撒手锏。如今，随着环境的变化，曾经的撒手锏已然失效。"他杀灭亡，自杀重生"，因此，要想焕发新的活力，必须对现有的营销模式"挥刀自宫"、全面创新。

品牌增值，解决赋能问题。通过品牌塑造为产品赋予能量，提升产品溢价能力和市场竞争力。

爆款产品，解决武器问题。打造爆款产品是所有问题的终结点，企业没有好产品，相当于士兵手里没有好武器，面对对手，除了投降，只有自杀。

借力扩张，解决路径问题。企业扩张通常有两种方式：一种是自建团队扩张，需要资金和人才支撑。另一种是通过代理渠道扩张，相对而言成本较低。通过招商，借助代理商的资源和力量，进行市场扩张才是明智的选择。

提前收款，解决主动权问题。钱在哪里，心在哪里，谁掌握钱，谁就掌握主动权。营销升级的终极追求就是提前收款，掌握市场主动权。

客户裂变，解决倍增问题。不论是传统企业还是互联网企业，新客户开发难度越来越大，成本越来越高。只有服务好老客户，与老客户构建利益共同体，才能实现客户快速裂变。

团队孵化，解决造血问题。直属销售团队如同"中央警卫团"，是企业的直属部队。没有核心团队，老板便没有安全感，企业便容易失去市场主动权。

成言成语：

转型是"做最好的别人"，升级则是"做最好的自己"。

第二节 回归主业：不忘创业初心，唤醒主业能量

现在，很多企业面临的最大的问题是老板不再热爱自己的主业，开始心猿意马。在有些老板眼中，生意总是别人家的好。太多太多的老板有意无意地流露出"生意不好做了""钱难赚了"等负能量语言。殊不知，当人们抱怨的时候，潜意识就接受和默认了。于是，人们看到的、听到的、接收的，都是生意不好做的信号。

做生意的核心是"做熟不做生"。相对于那些看着火爆、令人垂涎三尺的全新行业，老板在现有产业上无论是行业经验、资金储备，还是团队成熟度都更有优势。如果连传统产业都做不好的话，还有什么理由做好新的产业呢？

还有一些老板，因为手里有资金，按捺不住寂寞，抱着玩玩的心态投资了一些新项目，其实这种玩玩的心态是最可怕的。试想，你的对手在拼命干，你却只是玩玩而已，谁输谁赢，比赛还没开始结果就已经注定了。切记，企业在发展初期，最重要的是创业者的心态，而不是资金。

因此，越是处于转型升级阶段，越要回归主业，坚守主业。

在谈到回归主业之前，先讲一下"初心"。这几年，国家也在反复提及一句话："不忘初心，砥砺前行。"可见，上至一个国家，下至一家企业，初心都至关重要。

相对于宏观经济形势的下行，我认为，中国中小企业当前最大的问题，是老板持续创业动力不足。很多创业者是在时代大潮的裹挟下或主动或被动开始的。大多数民企创业者是白手起家甚至负债起家的。赚到第一桶金时非常兴奋，但随着财富的积累，老板对财富增值的欲望被无限放大，以至于经济滑坡时期的利润很难对其形成刺激。曾经一年赚100万元，老板们可以亢奋到失眠；现在一年赚500万元，老板们却很难满足，认为做企业不赚钱，做生意太累。是真的不赚钱吗？不是，是初心不再。

在课堂上，我经常和学员开玩笑地互动："想不想重新找回和另一半热恋的感觉？"方法很简单，和爱人相约在家里，把灯关掉，点上蜡烛，拿出一瓶珍藏多年的红酒，穿上漂亮的服装，放着浪漫的音乐，含情脉脉地看着对方，写出非爱对方不可的50条理由。相信大家在写到十条或二十条的时候，就一定会莫名感动并恍然大悟，原来眼前的这个人才是对我最好、才是最值得我相爱一生的人。因为你在这一过程中，重新发现了对方身上更多的闪光点和亮点。其实，面对现有的产业，同样如此。

想找回初心，还要打消退休的念头。不少老板想着如何让自己在40岁前退休，甚至一些年轻人还没工作就开始规划退休的时间了。一些老板打着"解放自己""离场管理"的旗号，经常在朋友圈晒游山玩水、享受生活的照片，这是非常危险的信号。

在这里给大家泼点冷水：第一代创业者根本不具备退休的可能！原因有三：

第一，公司离不开你。作为公司的创始人，公司的文化、产品和团队都是因你而起，所以老板对公司的影响是方方面面的，是渗透到企业基因里的。

第二，只要你还在，就很难找到合适的接班人。相对于西方国家的发展，中国市场经济发展的时间还很短，不论是人的素质，还是管理的机制都还不成熟。实事求是地讲，职业经理人很少有比老板更敬业、更爱企业的，如果有，那他一定会自己做老板。所以找不到接班人，老板就不可能退休。这就是为什么宗庆后、任正非、张瑞敏他们都70多岁了，还依然坚守岗位的原因。

柳传志应该是中国企业里为数不多的很早便培养接班人并主动退休的老板。柳传志早在2000年就把联想公司彻底交给了职业经理人杨元庆。我们姑且不评论联想今天的发展如何，单是在过去的十多年时间里，柳传志至少两次复出帮杨元庆救火，这就能看出职业经理人和老板之间的差别。这里需要强调一下，毕业于上海交通大学，1989年加入联想公司，一干就是30年的职业经理人杨元庆，不能说不优秀、不忠诚吧。

第三，退休的生活比经营企业还要累。不少人以为，退休之后要彻底放手，去世界各地游山玩水，其实游山玩水如果成了一种生活的常态，也是一种极其消耗体力的事情。偶尔玩一玩，属于浪漫，天天如此，你一定厌烦。我们看到很多领导人、老板退休之后，仿佛一夜时间头发变白了，身体垮掉了。为什么？原因有两个：一个是原有的生活节奏被打破了，身体无法适应；另一个是退休就意味着不再被人需要，活着也就没有了目标和希望。人不怕老，人怕的是不被需要。一旦不被需要，身体机能就会很快衰老。

作为创业者，要学会享受创业的乐趣，哪怕它很艰辛。其实艰辛的背后，也会伴随着"痛并快乐着"的感觉。

当我们看到任正非、宗夫后、张瑞敏、尹明善等早已功成名就，但依然坚守在自己的岗位上的人，我们还有什么理由轻言退休呢？

找回创业初心，还需要远离负能量。随着企业的发展，曾经一些志同道合的创业伙伴，有的摇身一变，成了创业路上的绊脚石；曾经在关键时候选择相信你并投资你的股东，随着公司越做越大，开始变得谨小慎微；曾经你一手提拔、为公司立下汗马功劳的高管，变得好逸恶劳、好吃懒做、贪污腐败、浑身负能量；曾经在你弱小的时候选择与你合作的客户，也已经跟不上公司的发展步伐了；曾经砸锅卖铁、无怨无悔支持你的生命中的伴侣，开始变得左右权衡、患得患失……（这些都是企业改革的阻力）这种时候，只有远离他们，才能重新点燃我们面对事业的激情。

生命不息，创业不止，只有找回创业初心，才能唤醒创业的乐趣和能量。到那时，你会发现，成为创业者是何等的快乐，享受创业的历程和奋斗的过程是何等的幸福！

领袖营销能量
——破解行业领军企业的营销秘诀

找回创业初心，我们继续谈回归主业。

回归主业，首要的工作就是发现行业的亮点。老板之所以对正在做的生意失去兴趣，甚至心生厌倦，主要还是因为没看到亮点与希望。在过去18年的营销生涯中，我大大小小服务过上千家企业，发现绝大多数经营不好的企业，共同特征是老板没有了创业的兴奋，对事业产生了"审美疲劳"。

其实，不论多么传统的行业，只要换个视角和思维，都能发现很多新的增长点、能量源和兴奋点。借用一句非常经典的话来说："这个世界从来不缺少美，而是缺少发现美的眼睛。"企业经营同样如此，没有不好做的行业，只有做不好的企业。

在摩拜和ofo出现之前，谁会看好传统的自行车产业？随着电动车、摩托车和汽车产业的发展，曾经主流的代步工具——自行车逐渐被边缘化。行业的领军者捷安特、美利达、凤凰自行车都在走下坡路。然而，随着以摩拜、ofo为代表的共享单车的出现，整个自行车产业再次焕发了勃勃生机（2018年下半年共享单车也进入了寒冬期，这是市场过热导致的必然结果）。这充分说明，任何一个传统产业，都有其新的增长点、兴奋点和能量源，就看你能不能找到，如何挖掘或驾驭。

我们要认清企业当下所处的发展阶段，并采取相应的措施。我把企业的竞争分为三个阶段：产品阶段、平台阶段和资本阶段。

先说产品阶段。对创业初期的企业来说，首要的任务是优化产品，即通过技术创新，实现产品的迭代升级。与此同时，也要加大对品牌的投入。当前中小企业面临的最大的问题是缺乏对品牌的投资意识。人们一想到品牌就认为这是花钱的事情，殊不知，品牌到了一定阶段，能给企业带来巨大的回报。众所周知，世界著名的苹果公司，2018年品牌价值高达1463亿美元，这就是品牌的可怕之处。更何况，品牌在企业上市融资和产品销售上都有着不可估量的作用。

如果老板在品牌建设上存在短视思维，那么企业经营到最后还是只能靠产品赚取差价，这就是为什么大量的中小企业竞争到现在依然在拼价格的核心原因。因此，如果企业处于产品阶段，两大任务就是优化产品和建设品牌。

再说平台阶段。当企业跨过创业期进入发展期，就水到渠成地进入了平台阶段。很多中小企业之所以一直处在产品阶段，而无法上升到平台阶段，是因为没有掌握平台经营的本质。平台的本质是格局，一个没有格局的领袖无法打造一个有格局的平台，一个没有格局的平台无法整合优质的社会资源。进入平台阶段，企业也就进入了扩张期，包括产品扩张、团队扩张、市场扩张和客户扩张。不难看出，平台阶段的两大任务分别是资源整合和扩张复制。

最后是资本阶段。迈过了平台阶段后，企业便进入资本阶段。资本阶段的核心工作是资产重组或资本并购，说直接点就是上市融资。这是大多数企业家追求的一种人生高度。上市无可厚非，但前提一定是先做好产品和平台，而不是在一无产品、二无平台的基础之上，盲目地追求所谓的上市。在互联网经济过热的刺激下，太多的小企业刚创业就喊出了三年或五年上市的规划，甚至

领袖营销能量
——破解行业领军企业的营销秘诀

有些老板打着上市的旗号干着"资金盘"的勾当,这类企业都是走不长远的。

企业不同的经营阶段的核心任务不同,思路和做法也不相同。企业领袖只有认清企业发展的阶段,心才能真正定下来,定能生慧,唯此才能把企业经营好。

但是不管企业处于哪个阶段,有一点是不变的,那就是一定要有核心竞争力。核心竞争力如同企业的心脏一样重要,没有核心竞争力的企业注定会像流星一样消失。

美国学者普拉哈拉德(C.K.Prahalad)和哈默尔(G.Hamel)指出,核心竞争力首先有助于企业进入不同的市场,成为企业扩大经营的能力基础。其次,核心竞争力对创造企业最终产品和服务的顾客价值贡献巨大,它的贡献在于实现顾客最为关注的、核心的、根本的利益,而不仅仅是一些普通的、短期的好处。最后,核心竞争力是难以被竞争对手复制和模仿的。

总结概括,核心竞争力是一个企业(人才、国家或者参与竞争的个体)能够长期获得竞争优势的能力,是企业所特有的、能够经得起时间考验的、具有延展性的,并且是竞争对手难以模仿的技术或能力。

核心竞争力是企业竞争力中那些最基本的、能使整个企业保持长期稳定的竞争优势的、获得稳定超额利润的竞争力,是将技能资产和运作机制有机融合的企业自身的组织能力,是企业推行内部管理性战略和外部交易性战略的结果。现代企业的核心竞争力是一个以知识、创新为基本内核的,企业的某种关键资源或关键能力的组合,是能够使企业、行业和国家在一定时期内保持现状或潜在竞争优势的动态平衡系统。

为了便于落地和使用，我总结提炼了当下企业经营的五种主要核心竞争力模式，以供中小企业"对号入座"，借鉴使用。

第一种核心竞争力是价格驱动。价格驱动又称为"成本领先战略"，是指企业通过有效途径降低成本，使企业的全部成本低于竞争对手的成本，甚至是在同行业中最低的成本，从而获取竞争优势的一种战略。

成本领先战略是被称为"竞争战略之父"的美国学者迈克尔·波特的名著《竞争战略》中的三大竞争策略之一。格兰仕、吉利汽车、沃尔玛、西南航空等知名企业都是成本领先战略的典范。

奥克斯空调是我2001年刚进入社会服务的第一家战略咨询客户。作为后起之秀的奥克斯，想要在空调行业挑战格力、美的、海尔等领军企业，只能通过价格战这一撒手锏。为此，奥克斯提出了"平价是爹，免检是娘"的大型降价行动，并借助2002年韩日世界杯的热点事件（聘请国家队主教练米卢代言），让名不见经传的奥克斯空调一举成为空调行业的知名品牌。

在这里需要说明一点，国内大量的三四线品牌习惯于通过降价或促销的方式提升销量，但这种"杀敌一千，自损八百"的行为只是一种生存手段，不是企业的核心竞争力。

第二种核心竞争力是技术驱动。技术驱动适合IT、手机、汽车、人工智能、新能源、新材料、生物医药、航天航空等技术含量高的行业。华为公司每年投入的研发费用超过企业的净利润。2017年华为净利润475亿元，同比增长 28.1%；研发费用达 897 亿元，同比增长 17.4%。华为近十年投入研发费用的总和超过 3940 亿元。截至 2017 年年底，华为累计获得专利授权 74307 件，累计申请中国专利 64091 件，累计申请外国专利 48758 件。作为高科技企业，技术就是华为的生命，这就是华为是唯一一家没有上市却能够成为世界 500 强企业的原因，这也是华为在世界 5G 主导权争夺战中敢于向高通亮剑的底气。

技术驱动带来的终极竞争是专利之争。2018 年数据显示，IBM、三星、佳能、英特尔、LG、高通、谷歌、微软、台积电、华为、京东方这些科技型企业位居世界专利申请排行榜的前列。近年来，高通与苹果、苹果与三星、三星与华为、谷歌和甲骨文、雅虎和 Facebook 等高科技企业之间发生的专利战争屡见不鲜。

加入 WTO 后，中国政府和企业的专利意识也越来越强。世界知识产权组织 (WIPO) 公布，2017 年中国的国际专利申请量首次升至全球第二，有望三年内赶超美国，坐上头把交椅。

第三种核心竞争力是品牌驱动。行业竞争到最后，市场剩下来的都是有品牌的企业。没有品牌的企业经过大浪淘沙，逐渐退出了市场竞争的洪流。

提到品牌竞争，不得不提一位创造了一个又一个品牌传奇的实战高手——杜国楹。杜国楹在长达 20 年的创业生涯里，先后打造出了背背佳、好记星、e人e本、8848 钛金手机和小罐茶等多个家喻户晓的知名品牌。

这里做个补充说明，在本书写完即将出版的时候，小罐茶因为涉嫌虚假广告（由于小罐茶声称 2018 年销售业绩 20 亿而产生的"小罐茶的炒茶大师会不会因此劳累坏了"的调侃）而被媒体追责。首先这无损杜国楹和小罐茶在营销上的成功；其次这对于任何一个快速成长的品牌都是可能会经历的；最后相信以杜国楹的能力和资源很快就会平息这件事。

2005年到2008年间，我在诺亚舟公司担任营销高管，与好记星做了四年竞争对手。每天不论在电视、报纸，还是终端货架上都能看到好记星大手笔的广告和促销宣传。

回顾杜国楹打造品牌的手法，几乎如出一辙，无外乎以下四个套路：

一是明星代言。好记星的代言人是大山，e人e本的代言人是冯小刚和葛优，8848钛金手机的代言人是王石，小罐茶的代言人不是常规意义上的明星，但他们是茶叶领域的顶尖明星——八位制茶大师（中国八大名茶中最具代表性的8位泰斗级制茶大师，包括西湖龙井制茶大师戚国伟、黄山毛峰传统制作技艺第49代传承人谢四十、中国普洱茶终身成就大师邹炳良等）。

二是卖点聚焦。好记星的核心卖点就是"记单词"，e人e本的核心卖点是"手写"，8848钛金手机的核心卖点是"高端"，小罐茶的核心卖点是"大师作"。

三是广告轰炸。好记星、e人e本、8848钛金手机、小罐茶的快速成长都离不开央视和卫视广告的轰炸。杜国楹把广告重新定义为品牌广告和卖货广告（又叫"专题片广告"），品牌广告集中在央视和卫视黄金时段提升品牌形象，卖货广告集中在央视、卫视垃圾时段大规模投放拉动终端销售。不能否认，随着互联网的普及，电视的开机率越来越低，但电视广告尤其是央视广告，依然是今天最有效的广告宣传平台。

四是终端布局。如果大家认为好记星、e人e本、8848钛金手机、小罐茶的成功就是靠广告轰炸那就大错特错了,其实杜国楹非常擅长地面战争,舍得在终端建设上投入重金。所有杜国楹操盘的品牌终端布局都非常高端、大气、有品味,无不体现品牌与众不同的格调和实力。

以上四个打法看似没有什么深不可测的独门秘诀,杜国楹最牛的地方就是他的所有打法你都能看懂,但就是学不来。为什么学不来?这个世界上最难学的不是术(方法),而是道(格局)。杜国楹操盘品牌的格局和胸怀是绝大多数中小企业老板学不来的,尤其是在打造品牌上敢于砸下所有筹码放手一搏的精神。

杜国楹操盘品牌给我的最大感悟就是:成功无须面面俱到,把一件事情做到极致即可。

第四种核心竞争力是渠道驱动。中国市场辽阔,企业要想把产品送到消费者手里,离不开渠道的层层分销,哪怕打着"去中间化"旗帜的电商和微商,也离不开强大的分销系统。在中国,有不少擅长后发制人的代表性企业,如家电和手机行业的步步高,食品行业的娃哈哈和达利园等。这类企业很少做产品创新,更多的是跟进模仿,他们成功的原因是他们有强大的渠道和终端网络。步步高1995年9月成立,从电话机起步,先后进入视听、电教、生活电器、手机等领域,均取得了成功。步步高坐拥江湖二十余载,旗帜一直高高飘扬,靠的就是被称为钢筋混凝土般的直系总代。步步高各大区的总代理,几乎都是步步高集团股东成员，不是步步高的董事，就是步步高的高管。这些"开国元勋"在步步高之前的小霸王时期，就一直跟随着核心人物段永平，步步高成立后，更是封疆诸侯，镇守一方！渠道是步步高在很多行业赖以称雄的秘密武器。步步高不是最早做 VCD、DVD 的，却成了最大的 VCD、DVD 的企业；步步高不是最早做复读机的，却成了最大的复读机企业；步步高不是最早做手机的，却成了最大的手机企业（步步高旗下拥有 vivo 和 OPPO 两大手机品牌）。

我曾经战斗过的公司——诺亚舟学习机（现在更名为"优学派"）原本是一个渠道驱动型企业，后来受好记星、E 百分的影响，在 2005 年开始战略转型打造品牌。

诺亚舟公司成立于 1999 年，三个创始股东出身于医药行业，受医药行业营销模式的影响，在电子词典行业导入"保卡返利"模式（终端导购每卖一台诺亚舟产品，就可以凭借保修卡的副卡在诺亚舟公司直接获取现金奖励）。诺亚舟通过这一招，在没有打一分钱广告的前提下，只用短短四年时间就成为仅次于文曲星的行业第二品牌。

2004 年，随着 E 百分、好记星等新兴品牌的崛起，传统电子词典企业也开始或主动或被动转型进入学习机市场。

面对好记星、E 百分来势凶猛的广告营销，2005 年诺亚舟启动品牌战略，聘请《凤凰卫视》主持人陈鲁豫做品牌代言。虽然广告投入不菲，但效果和好记星比起来，依然有着很大的差距。究其原因，和企业的先天基因有关。诺亚舟是一个靠渠道制胜的企业，从老板到高管再到代理商莫不如此。一家传统的渠道型企业突然投入重金做品牌推广，很多人的思路和格局很难打开。尤其是央视"A特段"的广告，仅15秒就要投入四五十万元，没有魄力的老板根本不敢打。虽然整个团队都很努力，但总感觉品牌和终端能量上不及好记星，甚至不如"半路出家"的步步高。当然，现在的诺亚舟（优学派）经过十几年的改变和适应，已经找到了品牌经营的感觉，成功实现了由渠道驱动向品牌驱动的转变。

第五种核心竞争力是服务驱动。20世纪90年代，以服务制胜的代表性企业是海尔电器，海尔一句"服务到永远"直到今天都耳熟能详；2000年以来，服务的代表性企业是海底捞，海底捞的服务号称"把客户服务到不能自理"。

去过海底捞的顾客都会发现，在等待区等待就餐的顾客可自取免费水果、饮料和零食；如果是几个朋友一起，服务员会主动送上棋牌；点餐时，皮筋、手机袋、围裙都已经全部送到手边，饭后还会送上口香糖。这些是每个去海底捞就餐的顾客都会享受到的服务，难能可贵的是海底捞数十年如一日的高品质服务。

2018年海底捞在香港以近千亿的市值上市了，被称为史上最大的餐饮IPO。

海底捞的服务几乎都是透明的，但是正如一本关于海底捞的书的名称一样，叫作《海底捞你学不会》。因为服务是海底捞的核心竞争力，已经完全融入到海底捞的企业文化和员工的行为举止中。

总之一句话，核心竞争力就是借不去、偷不了、学不会、买不来、带不走的能力。

找准核心竞争力,接下来要做的就是夯实企业内功了。万丈高楼平地起,当下中小企业的困境与其基本功不扎实有很大关系。因此,老板与其做无谓的抱怨,不如踏踏实实地完善基本功。企业的基本功包括产品功、营销功、管理功和服务功。

夯实企业内功的第一步叫作产品功。

华为作为一家中小企业,发展速度令全球瞩目。作为一家仅有32年创业历程的高科技企业,华为从一个小企业做到世界500强,与它在研发上的高投入分不开。反之,曾经的手机巨无霸诺基亚,恰恰因为产品创新速度太慢,逐渐陨落,最终在2007年一举被苹果超越。

2004年,我在波导手机公司有过一段时间的工作经历,刚好见证了波导手机由高峰到低谷的转折期。2003年波导手机一举超过诺基亚、摩托罗拉,成为中国手机销量第一的品牌,然而好景不长,从2004年开始,销量逐年下滑。曾几何时,一款V10的手机单品销量过百万,这在那个年代是不可想象的。之后波导每年都要推出近百款产品,却很难找到一款像V10一样畅销的产品。因为手机推出太多,很多机型还没有上架(货架)就开始清理库存。众所周知,压倒波导的最后一根稻草就是巨大的库存包袱。曾几何时,"波导手机,手机中的战斗机"的广告家喻户晓、脍炙人口;如今的波导早已日落西山,不复当年之勇。

研发实力有限,产品功不过关,是波导,也是TCL、夏新、科健、熊猫、南方高科等一批国产手机衰落的主因。因此，中小企业要想发展好一定要修炼产品功，产品功是基本功中的基本功。

修炼产品功，需要从以下四个角度进行发力。

第一，老板首先要成为产品经理，要关注和研究用户的痛点、痒点和兴奋点。在这一点上互联网创业者做得比较好，很多互联网创业者喜欢以产品经理自居，并引以为豪。传统企业家也要回归产品、关注产品，要基于用户的痛点和需求去研发产品，并不断迭代。

第二，加大研发力度，要舍得在产品研发上投入资金。过去中小企业习惯于"先抄袭再超越"的发展路径，去市场上弄些竞品，抄一抄，改一改，快钱就挣上了。现在，这种做法已经不合时宜了。如果老板下定决心要在行业内长期发展，那就必须在产品研发或技术创新上投入更多资金，为产品赋能。

第三，做好产品定位。定位决定地位，没有定位的产品注定没有市场地位。要打造有竞争力的爆品，产品定位一定要精准，要追求"小而美"，而非"大而全"。

第四，控制产品种类，做到"少而精"。过去，中小企业开发产品如同贫民养儿子，无外乎多一瓢水、多一双筷子的事情。于是，捣鼓出一大堆产品放到市场中去试错，通过这种方式把最受欢迎或销量最好的产品找出来，这叫"先射击，再瞄准"思维。然而随着竞争成本的加剧，企业试错的成本也越来越高，因此，企业必须在产品进入市场前进行"精确制导"。随着互联网领域爆品理论的盛行，产品"少而精"成为主流趋势。只有"少而精"，企业才能集中优势资源寻求重点突破。这在手机行业尤为明显，十多年前的手机企业一年要推出几十款产品，而现在不论是苹果，还是小米、华为、OPPO、vivo，都以少而精的爆品为主。

产品功之后是营销功，即产品不仅要好卖，更要卖好。

营销功的第一步是老板一定要亲自做营销。

今天，很多老板以远离一线、不做营销为荣，这是一种错误导向。在企业里，老板的营销能量场是最强的，也是任何一个高管和员工都无法相比的，乔布斯、雷军、马云、董明珠都是领袖营销的典范。所以中小企业老板一定要亲自做营销，而且必须学会一对多的营销能力。在领袖营销的时代，老板不做营销或者远离营销，无异于自废武功。

营销功的第二步是建立完善的营销体系。

老板亲自做营销不等于只有老板做营销，如果没有团队或不成体系，老板再强大也只是孤家寡人。因此，打造强大的营销团队建立强大的营销系统是中小企业从建立初期就要高度重视的事情。

营销功的第三步是管理功，简单来说就是完善制度、优化机制。靠制度管人，靠机制激活人，通过提高企业管理能力来提升团队效率，从而降低企业的经营成本和运营成本。后面有专门章节介绍，这里暂不展开谈。

营销功的第四步是服务功。销售打天下，服务定江山。销售的作用是拓

领袖营销能量
——破解行业领军企业的营销秘诀

客，服务的作用是锁客，因此中小企业一定要有全员营销和全员服务的意识。

上至老板，下至文员，都要有一颗服务的心。

以上就是营销升级"八力法则"的第一个力，即回归主业。

> **成言成语：**
>
> 核心竞争力就是借不去、偷不了、学不会、买不来、带不走的能力。

第三节 模式创新：创新营销模式，引爆模式能量

"模式"，是近年来的高频词，诸如"商业模式""赢利模式""经营模式"等，本书的核心是营销，这里只谈营销模式创新。

中小企业只要能把握好概念营销、教育营销、故事营销、专家营销、路演营销、社群营销、软文营销这几种创新营销模式中的两到三种，营销能量就会提升几个台阶。

1. 概念营销

概念对于产品而言相当于"魂"。中小企业当下的首要任务是为产品"找魂"，而不是盲目转型。盲目转型相当于僵尸的肌体反应，连走到哪里去都不受自己操控，遑论转型成功。

在营销上，中小企业存在两宗"罪"：一是品牌没有定位或定位不清晰；二是产品没有卖点或卖点不独特。品牌没有定位，就没有身份，不能很好地告诉客户"我是谁"；产品没有卖点或卖点不独特，就给不出客户选择购买的理由。如此一来，产品又怎么可能卖得火、卖得爆呢？

其实，不论是传统企业还是互联网企业，概念营销是一切营销的根本。为小米手机立下汗马功劳的小米4，在2015年创下1600万台的骄人销量。其主打卖点是"奥氏体304钢板"，为了宣传这个卖点，小米投入重金，拍摄了名为"一块钢板的艺术之旅"极其唯美的产品专题片。其实奥氏体304算不上什么高大上的卖点，但通过小米艺术性的创意手法，反而成了独特的卖点。

往前追溯，概念营销可以说是老生常谈的话题了，市场经济开始之初，概念营销就已经出现。最初是"省优、部优"之类的文字出现，后来出现了太阳神的"当太阳升起的时候，我们的爱天长地久"、联想的"人类失去联想，世界将会怎样"、美的电器的"原来生活可以更美的"等高大上的广告口号；再后来出现了"果冻我要喜之郎""农夫山泉有点甜""怕上火喝王老吉"等有区别、有卖点的概念。至此，概念营销进入成熟期。

尽管如此，中小企业整体来看依然缺乏寻找概念、创造概念的意识和能力。客户买的不是产品本身，而是产品营造的感觉，而概念是营造感觉最好的工具。消费者选择金龙鱼调和油，是因为"1∶1∶1"的营养主张；选择鲁花花生油，是因为"5S级纯物理压榨"；选择长寿花玉米油，是因为"金胚玉米油"等林林总总的概念。

概念的第一个作用是把相同的产品卖出不同来。

同样是水，同样的水分子结构，价格却千差万别，原因何在？以饮用水为例，蒸馏水有屈臣氏，矿物质水有康师傅，天然水有农夫山泉，纯净水有怡宝、冰川水有恒大冰泉、矿泉水有依云……它们各有各的主打概念，都是饮用水细分领域的佼佼者。

概念的第二个作用是让客户产生记忆点，形成认知本能。

提到安全的汽车，人们会首先想到沃尔沃，难道其他汽车不安全吗？显然不是。只是沃尔沃刻意宣传了这一点，让人们形成了印象，总觉得沃尔沃比其他汽车更安全一些。

提到去头屑，人们会想到海飞丝，难道其他洗发水没有去头皮屑的功能吗？不是。

提到过年过节给爸妈送礼，人们会不由自主地想到脑白金。可以送给爸妈的东西有很多，但人们大脑中首先出现的还是脑白金。

这样的例子实在太多，它们充分说明，概念只有不断传播出去，才会让客户记住，并最终产生潜意识的认知。

下面和大家分享一下我近年来服务的一个案例：

我有一位学员，经营一家小型的旗袍订制企业，年销售额不足100万元。这位旗袍订制企业的老板在课堂现场向我请教，如何提升旗袍的销量？我说，你能不能不卖旗袍？老板很吃惊，说我就是做旗袍的，不卖旗袍，那卖什么？

众所周知，穿旗袍的人以收入较高、讲究生活品位、年龄在30岁以上的中年女性居多。这类女性在事业上相对比较成功。我们发现，事业越成功的女性，感情生活往往越不幸福。美国前国务卿希拉里的老公克林顿出轨，德国总

领袖营销能量
——破解行业领军企业的营销秘诀

理默克尔、英国首相特蕾莎·梅都没有孩子，韩国前总统朴槿惠一生未嫁，还落得个锒铛入狱的下场……可见女人获得成功付出的远比男人要多，甚至要建立在牺牲感情和家庭的基础之上。

那么女性成功之后最渴望得到的是什么？不是多买几套房子、几辆车子，而是老公在她青春不再的时候，依然能够牵着她的手，和她恩恩爱爱。因此我给这个客户的建议是：帮客户订制旗袍的同时，免费赠送一款高级订制的同款颜色和材质的领带，领带不卖只送，而且只能送给原配。基于此，我给这个品牌创造的广告语是"旗袍加领带，秀出我的爱"。

在这个案例里，我们没有卖旗袍的材质，也没有卖旗袍的款式，而是卖爱情，卖穿旗袍的女人对美好爱情的记忆和留恋。

再讲一下前文中提到的威伦蒂羽绒服。羽绒服是一个传统行业，也是一个高度成熟的行业。威伦蒂作为后起之秀，要想在市场上制造话题必须从产品创新开始，即打造爆品。爆品一定离不开对消费者痛点和需求的研究。我们在做消费者调查的时候发现，很多顾客在购买羽绒服的时候存在两大痛点：其一，冬天冷的时间比较短，而且衣柜的空间也不太大，通常不会买很多件羽绒服；其二，如果买太少，比如只买一两件呢，又会感觉比较单调。那么能不能让客户不花太多的钱，不占太多的衣柜空间，还能保证羽绒服款式的多样呢？基于消费者的这一需求，我们把威伦蒂 2017 年的服装开发主题定义为"变2017"。新产品采用内胆和外套分离的创新思路，一个内胆标配两个不同款式、不同颜色的外套。内胆可以独立穿，外套可以做风衣穿，内胆和外套还可以组合穿。顾客等于花了一份钱，买了五件衣服。产品的年度传播口号是"型变心不变，温暖如初恋"（平面广告见下图）。这一爆品战略和创意思维让威伦蒂羽绒服在2017年5月9日的订货会现场收了个盆满钵满，在北京羽绒服行业产生了轰动效应。

2. 教育营销

前文在分析营销趋势"由显到隐"时，已经提到过教育营销，当消费者的需求隐藏看不见的时候，老板首先要成为老师，具备教育客户的能力。事实上，我们就活在一个教育与被教育的世界里。在这个世界里人们只有两种选择：要么是教育者，要么是被教育者。

新闻是教育，图书是教育，电视、电影同样是教育，就连每天看到的广告主要作用也是教育。在广告教育下，人们知道了人体需要排毒、皮肤需要补水、熬夜伤害身体、牙齿需要防蛀、吃火锅要预防上火、孝敬爸妈要送脑白金、累了困了喝红牛……教育营销是营销的最高境界，其核心是植入新观念，制定新标准；其本质是催眠，也就是让消费者在潜意识中自发地产生购买行为。

购物的消费者如同热恋中的女人，智商会自动下降。不管人们是什么身份、什么职业、什么学历，只要被贴上"消费者"的标签，智商立刻回到"清零"的状态，因为购物中的消费者始终处于"被教育"的状态。

如果老板和销售人员不具备教育客户的能力，那么产品便只能在红海竞争中比拼价格，而不是价值。因此，中小企业的老板要想在过剩化和同质化的市场环境中活下来，就必须具备教育客户的能力。在市场上谁能教育客户，客户就为谁买单。

阿里巴巴的创始人马云不仅教育客户，也在教化民众。阿里巴巴在美国上市后马云说过，未来的人们不是需要有多少钱，而是需要健康和快乐。于是国内创业者一窝蜂似的进入娱乐产业和大健康产业，尤其是门槛相对较低的大健康产业。2017年年初，马云又提出了"新零售思维"，国内又冒出一大批标榜新零售的企业。这一切都归功于马云超强的教育能力。

我有一个学员是做汽车空调清洗机的，产品名叫洪泰空调清洗机。企业比较头疼的地方是：车主都有定期洗车的习惯，但没有定期清洗汽车空调的习惯。如何让更多的客户使用洪泰空调清洗机呢？我的建议是：通过教育营销，改变消费者的习惯，让车主养成定期清洗汽车空调的习惯。

教育的基本逻辑是：汽车清洗关乎面子，汽车空调清洗则关乎健康。很多人以为车窗紧闭就能远离雾霾，殊不知，经过不干净的空调过滤之后的空气比雾霾还可怕，难道你希望自己和家人天天待在一个充满细菌和病毒的汽车空间里吗？如果不希望，那就定期清洗汽车空调吧，这是对自己和家人健康负责的表现。

优视佳护眼仪是大势能营销2017年服务的咨询项目。宁波优视佳视力保健有限公司是一家研发、生产、销售视力保健设备的企业，公司自2005年成立以来，一直致力于青少年近视、弱视、散光等研究。

在与大势能营销合作以前，优视佳创始人童君龙多年来一直面临着两大市场困惑。

第一个困惑是"如何解决客户教育成本高"的问题。护眼仪是新生事物，很多人不知道有护眼仪产品，更不了解护眼仪功能，因此在终端销售上导购员需要花很多时间对客户进行教育说服工作，这导致产品对销售人员的专业要求高、时间成本高。

第二个困惑是"如何让客户养成使用护眼仪习惯"的问题。不少客户买了护眼仪之后，用不了几次就把产品束之高阁，很难坚持使用。如果客户不坚持使用，再好的产品也无法达到预期效果。没有效果就不能让老客户转介绍，导致优视佳销售团队大量的时间都是在开发新客户。

针对童总的两大困惑，我给出了"家庭眼医生"的品牌定位。何谓"家庭眼医生"？顾名思义就是全家人的护眼医生。这一定位直接破解了护眼仪上述两大难题。

护眼仪是家长买给孩子使用的，一个家庭一般只会买一台护眼仪。随着电脑、平板和手机的普及，越来越多的成年人因为"视频终端综合征"出现了眼疲劳、眼近视等症状。"家庭眼医生"就是给全家人一起使用的眼部健康设备，所以不仅孩子需要护眼，爸爸妈妈同样需要。由过去只能卖给孩子的一台护眼仪，到现在卖给孩子的同时也卖给爸爸妈妈，一个思维的转换带来的是三倍销量的提升。这大大地降低了企业对客户的教育成本。

反回第二个困惑，孩子为什么不坚持使用护眼仪？因为家里没有使用护眼仪的氛围。当一个家庭买了三台护眼仪后，会营造一种全家一起护眼、相互监督的氛围，有氛围才能坚持使用，坚持使用才会产生效果。

有了这个带有教育思维的品牌定位，也就有了产品开发的方向。后来企业在"家庭眼医生"思路的指导下，开发出了优视佳"全家护眼礼盒装"，刚一上市，便广受欢迎。

教育的核心是"制订新标准，植入新观念"。王老吉在消费者心中植入了"预防上火"的观念，农夫山泉在消费者心中植入了"天然水"的观念，六个核桃在消费者心中植入了"补脑"的观念，大势能营销也在企业家心中植入了"落地营销"的观念。

那么，教育营销在企业实际经营中如何使用呢？下面谈一下教育的主要形式。在营销范畴，教育有三类主要形式：

第一类是通过广告对客户进行教育，如电视广告、报纸广告、网络广告、户外广告、电台广告等。广告教育的好处是速度快、覆盖人群多、影响面广，但广告教育需要投入大量的广告费用，对于大多数中小企业而言是"可望而不可即"的。

第二类是通过销售人员对客户进行一对一教育。直销靠的是直销员一对一教育，终端销售靠的是导购员一对一教育，电商靠的是客服通过网络或电话一对一教育。这类教育形式需要大量销售人员支撑，在人力成本快速上升的今天，对中小企业而言同样是不小的压力。

第三类是一对多的路演教育，即通过会销对客户进行集中教育。相对于前两者而言，它的好处是成本较低，不足之处是周期较长。一对多路演营销是当下的主流营销形式，也是互联网企业使用最多的营销形式。关于路演的更多内容我们在后面的路演营销专题模块会做重点介绍。

3. 故事营销

人们对故事的好奇心远大于事实本身。最接近真实历史的《三国志》，阅读率和传播量远不及"七分虚、三分实"的《三国演义》。

英国有一个女人叫J.K.罗琳，29岁离异，带着女儿靠领取政府救济金生活。有一次，罗琳在曼彻斯特前往伦敦的火车旅途中，看到一个瘦弱、戴着眼镜的黑发小男孩在车窗外对着她微笑，受此启发，她创作了一部带有魔幻性质的小说《哈利·波特与魔法石》，并由此开始，创作了七部以哈利·波特为主角的小说。截至2008年，《哈利·波特》系列小说被翻译成67种文字在全球发行4亿册，全球销量仅次于《圣经》和《毛主席语录》。2004年，罗琳荣登《福布斯》富人排行榜，她的身价达到10亿美元。2017年6月12日，美国《福布斯》公布了2017年度全球百位名人榜，J.K.罗琳排名第三。

J.K.罗琳通过写故事、讲故事和卖故事，实现了个人身份蜕变的传奇人生。

人类的大脑为什么喜欢听故事呢？根据普林斯顿大学神经学家尤里·哈森的研究结果，一个会讲故事的人，实际上是把想法、思想和情感植入听众的大脑。神经学的核心结论是"情感胜过逻辑"，所以讲故事是人与人之间最基本的交流方式。

互联网企业，上市之前叫估值，上市之后叫市值。不论是估值还是市值，其本质都是"吹牛"、制造泡沫，"吹牛"的最高境界就是讲故事。传统企业的营销是老板一个人"吹牛"，而互联网企业的营销是组团"吹牛"，世界互联网大会就是一个互联网人组团"吹牛"的盛会。不信你看，连续在乌镇举办了5届的世界互联网大会，与会嘉宾95%以上是黑头发黑眼睛的中国人，互联网人却把它标榜为"世界互联网大会"。

从经济总量来看，互联网经济规模还无法和传统经济规模相抗衡，尽管2018年"双十一"当天阿里巴巴的销售业绩达到2135亿，这一数据看着"晃眼"，但实际上，BAT三家企业的业绩总和还不及华为一家民营企业。显然，短期内互联网产业的经济总量还无法撼动传统产业，但互联网企业讲故事的能力却早已在传统企业之上。

资本最爱泡沫，哪里有泡沫，哪里就有资本的影子。十多年前，房地产市场的泡沫最大，资本接踵进入房地产领域；现在互联网产业的泡沫很多，资本又蜂拥而至，进入互联网领域。

站在经营的角度思考，经营企业的本质就是经营泡沫。没有泡沫的企业就没有市场价值，没有泡沫的行业就没有吸引力。什么是泡沫？泡沫就是故事。

传统企业讲究实干精神，互联网企业讲究务虚精神，互联网创业者首先要拥有好口才。因为只有好口才，才能讲出好故事；只有好故事，才能吸引足够多的资本；只有资本助力，才能颠覆整个产业链。

在讲故事的造诣上，互联网创业者已经达到了登峰造极的高度。绝大多数成功的互联网创业者都是一顶一的讲故事的高手。马云给美国股民讲了一个电商帝国的故事，一次性拿走了200亿美金；雷军讲了一个互联网手机的故事，让小米手机的市值一度达到543亿美金的高点。创立只有三年的拼多多讲了一个社交电商的故事，就在美国纳斯达克成功上市……这些互联网行业每天都在上演的资本神话，显然只靠务实是无法实现的。

因此，传统企业家在务实的同时，也要学会务虚，即培养讲故事的能力。讲故事的能力是企业领袖的第一生存能力，其实传统企业和投资人之间就缺少一个好故事。传统企业家从来不缺少讲故事的素材，他们的真实故事随便抖出一些都胜过最好的电影剧情，他们只是缺少在媒体和观众面前讲故事的技巧和能力而已。

故事对于消费者具有哪些价值呢？一言以概之，好的故事具有想象力、感染力、成交力、传播力和影响力五大作用。

故事产生想象力。1983年，乔布斯用一句话挖到了当时百事可乐的总裁约翰·斯卡利,这句话是"你是愿意卖一辈子糖水还是愿意跟着我去改变世界?"这个故事最大的魅力是给约翰·斯卡利带来了对美好未来的想象。

故事带来感染力,好故事让顾客产生共鸣。马云求职被拒绝30多次的故事让人动容,也为阿里巴巴、淘宝、天猫、支付宝吸引了一大批铁杆客户。

故事自带成交力,让客户自动自发地买单。王老吉在汶川地震期间捐款1亿元的故事让王老吉的销量一举超越可口可乐。

好故事具有极强的传播力。1985年,刚刚上任不久的张瑞敏一口气砸了76台冰箱的故事广为人知。30多年过去了,直到今天人们依然记得这个故事,这就是故事的传播价值。

故事形成影响力。耐克关于胜利女神的故事、乔布斯改变世界的故事对品牌影响力的提升起到了举足轻重的作用。

下面为大家分享一个大势能营销2018年为广州黛柏睿家具创作关于品牌故事的案例:

2011年,人到中年遭遇家庭变故的张钰枋女士深深意识到女性独立的重要性;与此同时,在意大利米兰家具展上看到中国同胞因为中国人的身份而被拒之门外,这也狠狠地刺激了她。她下定决心,一定要打造一个具有原创精神的中国家具品牌,让世界各国的消费者都能享受到中国艺术家具带来的高品质生活,让世界家具行业对中国家具品牌刮目相看。因此,她以自己的英文名DEBRAH'S作为品牌名称,以自己的人格与信誉对品牌进行背书,她希望黛柏睿品牌像她一样具有自强、自信、自立的精神。

公司自创立以来，始终以工匠的精神与情怀研发和制造每一款家具产品，确保产品从细节到整体都能达到艺术的高度。张钰枋深信，未来的黛柏睿家具一定会屹立在世界高端艺术家具之巅，为中国人正名，为中国梦喝彩！

4. 专家营销

越来越多的老板反映生意不好做了，客户越来越挑剔，越来越不好"忽悠"了。

实际上不是客户变得难缠了，而是老板们需要升级了。"久病成良医"，客户变得越来越专业了，尤其在互联网时代，任何资讯通过百度一查，基本都能找到答案。客户的确没有以前那么好"忽悠"了。

过去客户的高度是1.2米，商家的高度是1.4米；现在客户都长到1.6米了，而商家的高度还是1.4米。请问居高临下销售更容易，还是从下往上销售更容易？显然是前者。所以，今天的销售人员一定要成为专家。销售的核心是建立信赖，而专家是建立信赖最快捷的路径。

人们去医院看病为什么喜欢挂专家号？专家号难不难挂？非常难！专家号贵不贵？很贵！专家开的药特别吗？未必！为什么贵？为什么难？因为他是专家。

我的一个发小，小时候有很严重的鼻炎，大学毕业工作后他专门到广州最好的医院——中山医科大学（现在是中山大学中山医学院）附属医院做鼻腔检查。医生看完检查报告后，轻描淡写地说，我看没什么问题，你的鼻子挺健康的。从此之后，他的鼻炎几乎彻底消失了。这一看似不可思议的事情却是我这个朋友的真实经历。我想这就是专家的力量吧。

在我的"路演势能"课程上，很多从未登台、对讲台充满恐惧的人在我的鼓励和帮助下克服了心魔爱上了讲台，有些老板甚至成为职业讲师。有时候他们跟我聊起来，觉得很奇怪，问我是用了什么方法消除了他们内心的恐慌。我说，很简单，在你们心中我就是路演专家，我对你们的鼓励比你们的自我暗示重要一千倍。

未来的时代一定是专家为王的时代，有竞争力的企业一定是专家营销的企业。传统企业在营销上不要盲目地追求业务人员的数量，而要提升质量，培养一批专家级的销售特种兵。

企业里面要有以下三类专家：

首先老板要成为专家。尤其是中小企业，老板就是企业的带头人，老板自身不行，如何服人？所以老板要把自己培养成专家。

其次整合几个外部专家。专家有内部的，也有外部的。内部的就是自己培养的，外部的就是外部整合的。中小企业由于自身实力的原因，不具备培养专家团队的条件，聘请外部专家担任企业顾问是一个不错的选择。

最后员工看起来像专家。"像"比"是"更重要，形象永远走在能力的前面，不管专业如何，要让员工从穿着、言谈举止看起来很专业或像专家。

要想成为某一领域的专家，需要具备四个基因：

第一个基因是热爱。我作为一名职业讲师，一个月讲20天以上的课如同家常便饭，经常有人问我累不累，我说做自己喜欢的事情怎么会累呢。做任何事情只要有足够的热爱就一定会成功。热爱表现在三个层面：第一个是热血沸腾，一站上讲台就忘记一切，充满能量。第二个是不计回报，站上讲台有收益固然高兴，没有也不遗憾，因为这是自己喜欢的事情。第三个是无怨无悔，做自己喜欢的事情有什么好抱怨和后悔的呢？

第二个基因是专注。专注就是"宽一厘米，深一公里"，专注就是聚焦，专注就是水滴石穿的精神。

第三个基因是完美。专家骨子里都有完美主义情结，只有不断迭代，做到极致，才能成为某一细分领域的顶尖专家。

第四个基因是坚持。要有"面壁十年图破壁"的精神。三年成为行家，五年成为专家，十年成为权威专家。

那么，如何能够成为行业内的知名专家呢？

成为知名专家的第一步是定位。产品需要定位，专家同样需要定位。我有18年的营销经验，其中6年时间在企业操盘，8年时间做广告策划和营销咨询师，我的身份定位是"落地营销实战专家"。我主讲的课程，不论是《营销势能》《路演势能》《品牌势能》，还是《招商势能》，都强调和突出落地的思想、方法和工具。

成为知名专家的第二步是思想。专家一定要在自己的领域有独特的思想和理念。这些年我在传统企业转型升级阶段提出了很多原创的营销思想，例如"大道无形，唯势永恒""传统产业是啤酒，互联网产业是啤酒沫""互联网改变了需求的获取方式，但没有改变需求本身""客户是教育出来的，谁教育客户，客户为谁买单""眼球经济时代，得媒体者得天下""营销的核心是制造假象，营销的最高境界是以假乱真""故事营销是营销世界里永恒的主旋律""老板是企业最大的代言人""占有资金比拥有资金更有价值"……

成为知名专家的第三步是工具，工具又叫武器：对于一个营销专家来说，出书、出光碟是打造个人品牌的绝佳武器。2016年到2017年我先后出版了《软文创意写作与营销实战宝典》《直播营销与运营》《个性化自媒体运营与推广一册通》三本关于互联网营销的书籍。其中《直播营销与运营》一度在当当网同类图书中销量排名第一，并进入中国台湾市场。2016年我出版了第一套光碟《路演定江山》；2018年出版了第二套光碟《领袖营销进化论》（见下图），并在汇智光华全国近200家机场和高铁书店热播。

成为知名专家的第四步是传播，包括个人形象、观点、文章和故事的传播。传播的方式有这样几种形式：

多写与行业有关的文章，观点对错不重要，重要的是有自己的想法，并把文章及时发表在微信公众号、博客、网站或报纸上；多在电视台、互联网做专题访问，发表自己的独特见解；多组织或多参与行业内的高峰论坛，多上台发言，多发表自己的观点。

5. 路演营销

互联网企业为什么能够相对轻松地拿到资本？互联网创业者的故事为什么能够家喻户晓？因为几乎所有互联网创业者都具备一种营销能力，即路演营

第四章　八卦模型——全面升级，能量无限

销能力。

什么是路演营销？路演营销是通过表演的方式把解决方案（产品或服务）一对多地销售给听众（客户）的营销行为。

解决方案就是有逻辑、有干货的内容，通俗来讲就是PPT。

路演营销的第一个关键词是"内容"。

路演和演说有什么区别呢？演说的核心是形式，路演的核心是内容。路演是有内容的、有结果的演说。为什么很多人学习演说后会学时激动、学后不动呢？因为形式的东西学起来更难，而且离不开特定的场景和氛围，这也是很多时下知名年轻男演员被人诟病没有演技的原因。

那么内容好学吗？同样不好学，但内容有一个熟能生巧的过程，只要学会就可以持续使用。雷军、马化腾、李彦宏他们都不是口才非常出众的人，但他们都是优秀的路演家,因为他们的分享有逻辑、有内容、有方案。

学习演说需要天分,学习路演勤奋即可。因此,路演相对于演说更适合企业领袖们学习。

路演营销的第二个关键词是"表演"。

虽然路演的内容大于形式,但好的形式会为内容加分,所以说路演的舞台表现力也很重要。

表演有两层含义。第一层含义是入戏,入戏指的是进入角色,融入情感。只有进入角色,融入情感才能提升路演的质量,打动听众。有些路演者站上讲台后不断地解释说:自己准备不充分,平时很少上台,感觉有些紧张……这些语言都是没有入戏的表现。第二层含义是主演,即企业领袖一定要成为舞台的主角。有一种身份叫无可替代,任正非是华为的主角,马化腾是腾讯的主角,马云是阿里巴巴的主角——即便退休了也是。领袖的身份和使命决定了他们必须担当企业的主角。

很多中小企业的老板喜欢把机会让给别人(如下属或子女),表面看这是一种有格局的体现,实际上这恰恰是一种不自信或者叫不负责任的行为。

一家公司最应该成长的一定是老板,老板的高度决定了公司的高度,老板的格局决定了公司的格局。如果老板停止了成长等同于宣告了企业的死亡。

路演营销的第三个关键词叫"一对多"。

为什么有些人的财富比普通人几辈子甚至几百辈子的总和还要多?核心差别在于"一对一"还是"一对多"。现在,99%的中小企业家都很擅长"一对一"的谈判和销售，而真正具备"一对多"营销能力的不足1%，甚至更少。

马云通过在各大平台演讲，实现了阿里巴巴"一对多"的裂变式发展，创立淘宝初期马云"一对多"路演的对象是平民创业者，后来的路演对象是喜欢网购的消费者，现在是针对各国政府元首。

任正非虽然很少在公开场合抛头露面，但任正非自己写的文章以及与任正非有关的文章和书籍可谓"汗牛充栋"，这也算是任正非的另一种形式的"一对多"营销。

销售往往是"一对一"的，而营销则是"一对多"的，即通过非面对面的广告传播或面对面的路演营销实现一对多、批发式的产品销售。

路演的最大魅力是"一对多"。乔布斯通过iPhone上市发布会实现了苹果手机在全球的"一对多"营销；雷军通过小米手机上市发布会实现了小米的"一对多"营销；罗振宇通过"时间的朋友"跨年演讲实现了旗下品牌的"一对多"营销。

路演营销的第四个关键词叫"销售"。

何谓销售？销售即成交。成交是人的天性，人的生命来源于精子和卵子的相互"成交"，成交是生命的最高品质。幸福的生活来源于不断地成交与被成交。收钱是快乐的，花钱消费同样是快乐的。

何谓成功？成功就是认同，认同就是付费，正所谓"掏钱等于掏心"。一个男士口口声声说爱一个女人，却把钱给其他女人花，这不叫爱；一个老板说自己对员工多么多么好，员工却不能按时拿到工资，这也不叫爱。

路演的终极目的就是成交,即站上讲台收人、收钱、收心。因此,只有具备超强成交力的领袖才有超强的自信和能量,只有具备超强成交力的企业才有超强的实力和能量。

路演营销的第五个关键词叫"听众"。

路演是以听众为中心的一对多的销售行为。"王婆卖瓜、自卖自夸"是最初级的销售行为,卖方王婆处于中心位置,她一味地强调产品的优势和特色,却忽略了用户的需求和痛点。因此,这种销售方式很容易被客户厌烦和抗拒。

在舞台上路演要时刻关注台下听众的反应,学会换位思考,用听众能够听得懂的语言讲听众想听的内容,而非路演者想讲的内容。

6. 社群营销

社群营销也是这几年比较火的营销模式,在谈社群营销之前,先谈谈社群经济。

社群经济是指互联网时代,产品与消费者之间不再是单纯功能上的连接,消费者开始在意附着在产品之上的诸如品牌、文化、格调、人格魅力等灵魂性的东西,从而建立情感上的无缝信任。基于此,一群有共同兴趣、认知、价值观的用户拥抱成团,形成群峰效应,他们一起互动、交流、协作和相互影响,然后对产品品牌本身产生反哺的价值关系,这种建立在产品与粉丝群体之间的情感信任和价值反哺,并通过共同作用形成的自运转、自循环的范围经济系统,就叫社群经济。

微博、微信、QQ、贴吧、头条都是互联网时代社群经济的产物,很多细分领域的社群APP也如雨后春笋般冒出来。如基于"场景内容社交"的麦芽APP，在每个城市选出最有故事的街道，最有特色的酒吧、咖啡厅、餐厅、夜店等地点来作为麦芽的场景进行展示，凡是到过这个场景的人都可以晒出自己在这个场景发生的故事，形成以场景为核心的社群形态。

社群营销就是基于相同或相似的兴趣爱好，通过某种载体聚集人气，通过产品或服务满足群体需求而产生的商业形态。社群营销的载体中包括微信、微博等各种线上平台，线下的沙龙活动也可以称为社群营销。

"人无头不走，鸟无头不飞"，社群营销的核心是意见领袖，即某一领域的专家或者权威，他们本身自带流量，有着较高的威望或较高的人气。首先，社群营销要打造意见领袖的个人IP，借此树立个人形象，吸引粉丝。其次，社群成员基于某一类兴趣或爱好聚集在一起，因此社群营销要有人群定位。一个社群只能针对某一类人群，如"国画迷团""有机生活追求者""财务达人""好妈妈团"等。

社群营销还要有自己的变现系统，无法变现的社群缺乏生命力，社群变现的方式有产品变现、课程变现、资源变现、人脉变现和粉丝变现等。

社群营销还要有裂变模式，如客户推荐产生裂变，客户转化为经销商产生裂变等。只有实现社群裂变，社群营销才能长久。运营社群不只是看流量，还要看转换率，更要看裂变率。要引得进，留得住，能转化，能裂变。

接下来，从线下社群营销和线上社群营销两个维度为大家做案例分享。

我有一位学员叫姚昌敏，是北京姚氏润财财务策划有限公司的董事长。

两年前在朋友的介绍下，她和她的姐姐一起学习了我的"路演势能"课程。当时的她从来没有上过讲台，更没想过自己会成为财务的专业讲师。

作为一家传统意义上的财务代记账公司，姚氏润财当时面临着三大经营难题：

第一个难题是企业盈利难。过去代记账公司的主要利润来源是通过帮助客户注册公司产生的垫资收益，随着2014年注册资本认缴登记制度的实施，这项主要收入没有了。单纯依靠客户每月300元到500元的记账报税费用，无法满足企业的生存和发展需求。

第二个难题是客户开发难。姚氏润财最初开发客户是通过报纸打分类广告，后来通过百度竞价、58同城、赶集网做广告，现在这些渠道已经很难找到优质的客户了。

第三个难题是人员流动大。代记账会计的工资并不高，工作量还很大，企业留不住人。

针对姚氏润财公司存在的三大问题，我为其量身定制了三个升级思路：

第一个思路是从传统的代记账公司升级为财务咨询公司。通过提升服务的技术含量增加企业的盈利能力。现在姚氏润财的年度财务咨询服务收费6.8万元起，最高收费标准达到29.8万元。这一升级从根本上解决了盈利难的问题。

第二个思路是从老板型营销升级为专家型营销。作为一家技术输出型公司，如果老板不能直接为客户创造价值，那么他和客户之间的黏性便会很低，而专家则不同。过去姚昌敏本人以开拓客户、维护客户为主，现在的她则成为集销售、讲课、咨询于一身的姚老师。

第三个思路是从一对一营销升级为一对多营销。老板站上讲台进行一对多路演，借此培养自己的粉丝。2018年12月3日，姚昌敏受中国绩效管理专家洪生老师的邀请，为宏图菁英荟旗下200多位学员进行"零风险财税大系统"培训，当天成交企业家客户40多位，直接收益超过300万元。

此外，姚氏润财在北京总部专门装修了一间会议室，用来定期服务客户。以每周1场沙龙活动的频率，增加与客户间的互动和黏性，大大地提升了客户的忠诚度，深挖客户的需求，并通过老客户转介绍成交了大量新客户。

下面为大家分享一下传统产品如何通过微信进行线上社群营销的案例。案例的主角儿是鹤壁弘颐医药科技有限公司旗下的一款膏药产品——野山草医用冷敷贴。

首先了解下传统膏药行业的竞争背景：

膏药产品的主要销售渠道是医院、药店和诊所。鉴于医院和药店进入门槛高，竞争激烈，推广压力大，野山草采取"避实就虚"的营销策略，主攻诊所市场。

由于诊所比较分散，业务人员开发周期较长、成本较高，弘颐医药董事长、野山草创始人郗青峰另辟蹊径，通过微信群营销实现客户裂变，在河南省膏药市场取得了巨大的成功。截至2018年年底，野山草在整个河南地区建立了10000多人的诊所大夫微信群。为了更好地管理微信群并提升销售业绩，野山草微信军团做了以下几个重要工作：

第一，约定群规，无规矩不成方圆。野山草每个群都制定了严格的群规，每一个新进群的诊所大夫都被清楚地告知能做什么、不能做什么以及怎么做。一旦违反群规，将其果断清理出群。

第二，保持群活跃度，微信社群营销最大的难题就是活跃度。野山草通过每日围绕产品知识设置有奖竞猜活动、表彰日销售冠军活动等方式最大化地保持了微信群的活跃度。

第三，建立社群组织，形成一个自我管理的团队。野山草利用投票表决方式选举产生群秘书长1名和群委员若干名，让他们在群里面担负起组织和宣传工作。

第四，增强群的信任度，野山草引入行业内有影响力的大咖、专家加入野山草微信社群，借助专家们的权威性和影响力提升大夫对产品的信任感。

第五，线下活动加强连接。线上社群营销离不开线下活动的强力支持。为了增强社群影响力，并对优质客户进行深度开发，野山草针对大夫定期举办线下专业技术培训班，对潜在客户邀请参加免费旅游增加感情。

第六，推动社群裂变，裂变是社群营销的终极追求。野山草利用大夫自身的资源鼓励他们介绍身边的大夫加入微信群，推荐大夫给予红包鼓励，从而实现了客户的自循环。

弘颐医药公司经过以上六点不间断地重复，先后建立了野山草安阳社群、新乡社群、许昌社群、洛阳社群、临沂社群等，当前社群中的大夫总人数已经突破10000人，优质客户群体占比20%以上，公司下一步将在此基础上打造"万元俱乐部社群"，即实现每个大夫每年销售1万元野山草膏药产品。

接下来弘颐医药公司将按照此运作模式进行全国市场复制，将原来的代理商体系转变成社群运营商体系，全力打造"野山草中国社群营销膏药第一品牌"。

7. 软文营销

不论是传统营销，还是互联网营销，本质上都是内容营销。一切营销的核心是内容、内容，还是内容！

网络营销就是"内容＋平台＋工具"的组合拳营销模式，在平台和工具一样的前提下，内容就变得至关重要了。只有原创的内容才有营销价值，也只有原创的内容才容易被百度、搜狗、360等搜索引擎收录。

内容营销无外乎软文和硬广两种主要类型。软文是披着新闻、资讯"马甲"的广告，具有较强的伪装性，网络营销的核心就是软文营销。

作为一名实战型咨询师，我在过去18年的营销生涯里，至少为客户写过上千篇软文。为此，我专门写了一本关于软文营销的书叫《软文创意写作与营销实战宝典》，旨在教会读者快速掌握写作软文的技巧和方法。

下面我用最简单、最通俗的语言给大家分享一下软文写作的技术要领：

（1）形式：软文通常以新闻、第三方评论、访谈、采访或口述等形式出现。软文的核心是伪装，具有很强的"欺骗性"，普通读者很难分清他看的到底是新闻还是软文。

（2）标题：软文的标题非常重要。碎片化时代，读者很难有耐心读完一篇文章，大多数都是一扫而过。因此，文章标题就很关键，标题就是软文的脸。首先标题一定是内容的浓缩，标题里面要有文章的关键词。其次标题要具有穿透力、简单、直白，在5到20个字之间为佳。

（3）字数：软文宜短不宜长，软文常规字数有500字、800字、1000字3种主要类型。如果文章字数太多，建议采用系列稿的形式发布。

（4）结构：每段不超过160个字为宜，每段原则上不超过8行，每篇文章不超过5个段落，行间距1.5倍、段间距2倍为宜。

（5）关键词：关键词分为主关键词和次关键词。主关键词在每篇文章中不宜超过3个，主关键词一定要在标题中出现，在软文内容中的密度以8%至

15%为宜,最多不超过20%,过多出现会影响软文的友好程度。次关键词字数原则上不超过文章字数的3%,如一篇800字的文章,则次关键词字数最多为800×3%=24字,如果2字为一词,即为12个词。

成言成语:

中小企业只要能学会并掌握概念营销、教育营销、故事营销、专家营销、路演营销、社群营销、软文营销这几种创新营销模式,营销能量就会以几何倍数增长。

第四节 品牌增值：品牌五行法则，激发品牌能量

我在前文中讲到了一个观点："由暴利到微利是行业竞争的必然结果，由产品到品牌是企业竞争的必由之路"，并重点谈到了产品和品牌的区别。在这一节中进一步分析什么叫品牌，以及中小企业如何打造品牌。

"品牌（brand）"一词来源于古挪威文字 brandr，意思是"烙印"。当时游牧民族在马背上打上不同的烙印，用以区分自己的财产。"烙印"一词非常形象地表达出了品牌的含义，即"如何在消费者心中留下烙印"。品牌是一个综合、复杂的概念，是对商标、名称、包装、价格、历史、声誉、符号、广告风格等认知的总和。

如果说产品属于企业，由企业说了算的话，那么品牌属于消费者，由消费者说了算。当消费者不再关注或重视品牌的时候，品牌也就变得不值钱了。比如三株、太阳神、秦池、爱多、三鹿这些曾经叱咤风云、家喻户晓的品牌，如今已经日落西山了。

中小企业往往重视产品经营而忽视品牌打造，甚至还有不少企业连商标注册的意识都没有，更不要说构建品牌系统了。大企业往往更重视品牌的经

营,很多企业的品牌价值要远远大于市场价值。2018年茅台酒市场总营收750亿,但品牌价值高达2700亿。当然,这2700亿不同于银行的存款,而是存在消费者的头脑中,假若有一天品牌出现危机,消费者对茅台的信心下降,那么这2700亿元就可能变成270亿元,甚至更少。

可口可乐的总裁说过:假设一把火把可口可乐公司烧得分文不剩,公司仅凭"可口可乐"这一商标,就可以在几个月内重新投资建厂再次崛起。

2018年世界上最贵的品牌是亚马逊,品牌价值高达1508亿美元,紧随其后的是苹果,品牌价值1463亿美元。中国最贵的品牌是工商银行,品牌价值592亿美元。

从市场营销层面来说,品牌有以下三大好处:

第一是建立信赖。营销的核心是建立信赖,品牌则是建立信赖的第一载体。品牌是消费者心中的担保物,品牌的差异化可以体现为"成为第一、领导地位、经典传承、市场专注、最受青睐、热销"等"信任状"。加多宝说,我是正宗凉茶。没错,加多宝是全国销量领先的凉茶,这是加多宝市场地位的体现,也是加多宝的"信任状"。品牌采取一种竞争对手从来没有使用过的强大说服力工具来瞬间打消消费者的疑虑,快速建立起坚定的信赖感。此工具为"信任状","信任状"是最重要的品牌资产。

第二是形成认知。品牌最大的资产是沉淀在消费者大脑中的认知记忆。尽管健力宝已经消失很多年了,但提到"民族运动饮料",人们还是会想到健力宝,这就是品牌认知的魅力。提到酱香型酒人们首先想到茅台,提到微波炉首先想到格兰仕,提到果冻首先想到喜之郎,提到安全的汽车首先想到沃尔沃……这种认知一旦形成，短时间内很难改变。

第三是带来溢价。为什么奢侈品贵？因为奢侈品是稀缺的品牌，能够带来超高的溢价能力。同样的T恤，加个钩（耐克），价格就是没有钩的十倍；同样的大闸蟹，放到阳澄湖再捞上来就比普通螃蟹贵很多；同样的白酒，打上茅台字样，哪怕是茅台镇的，都能卖得比其他酒贵……这就是品牌的溢价能力。

中小企业打造品牌需要遵循"品牌五行法则"，从品牌命名、定位、口号、愿景和使命五个维度构建品牌价值链。

先来说品牌命名。不少小企业在给品牌起名字的时候往往比较随意，这为品牌的长远发展留下了后遗症。为什么香港这个"弹丸之地"出现了那么多大明星？这离不开香港强大的造星系统，造星的第一步就是改名字：李小龙原名李振藩，张国荣原名张发忠，成龙原名陈港生，刘德华原名刘福荣，吴镇宇原名吴志强，欧阳震华原名欧阳耀泉。

名称是品牌最重要的资产之一，如茅台、五粮液、奔驰、可口可乐、农夫山泉、六个核桃这些名称一听就知道是做什么的。

好的品牌名称要符合"三好"标准，即"好听、好记、好传播"。

当当网上关于品牌命名的书籍很多，在这里不做过多分享，只讲两个适合中小企业低成本命名的方法：

第一个方法是故事命名：命名故事化，有故事的品牌容易被人们记住并传播，如耐克和苹果。

耐克的前身叫蓝带体育用品公司，创办人为了开拓亚洲市场将其改名为耐克。耐克是希腊传说中掌控胜利的胜利女神的名字，了解这些就明白了为什么耐克的logo是一个对钩。

"世界上最贵的水果"——苹果（iPhone）是全球最受欢迎的品牌之一，苹果的命名具有很强的故事性，和两个历史名人有关。

一个是发现万有引力的著名物理学家艾萨克·牛顿，苹果最初的标志是牛顿坐在苹果树下看书的铜笔绘画，在Apple I的产品上使用，看起来相当古典。

另一个是被称为"计算机之父""人工智能之父"的艾伦·麦席森·图灵。图灵是英国著名的数学家、逻辑学家，图灵提出的模型为电脑科学奠定了基础，但因为同性恋者身份受到政府迫害，最后死于内含氰化物的苹果。苹果的logo后来改成被咬了一口的苹果图像，就是为了向图灵致敬。

第二个方法是借势命名，又叫"傍大款"，这是一个非常讨巧的命名方式，学会借力是中小企业低成本营销的一个捷径。

国内有一家做珠宝的企业叫周大生，人们看到这个名字的第一联想就是有实力的老字号。因为香港有两家老牌的珠宝公司，一家叫周生生，一家叫周大福。周大生的命名无疑是借了这两家珠宝老字号的势。

江苏有一家主打县级市场的油漆企业，原来的名称叫"邦丽"，我建议他们把名字改为"赛丽邦"。立邦漆是油漆行业知名度最高的品牌，从字面解读，"赛丽邦"比"立邦"还厉害。当然，这里有个前提条件，它的主打市场在县级，老百姓对油漆品牌了解得不多，容易借力。

2018年，我为德国贝罗娜啤酒策划了一款定位为90后年轻人喝的啤酒，品牌名称叫"小嘿啤",这种命名方式就是受小瓶白酒品牌——江小白的启发,也顺带借了江小白的势,"青春小酒江小白,青春小啤小嘿啤"。

北京唐妆丽人美容院总经理蔡红保听了"品牌势能"课程后,邀请我为唐妆丽人做品牌升级策划,我首先从品牌命名上对其进行改造。通过法文音译的方式,将新品牌命名为"思蒂莎",借此营造"舶来感",为品牌赋能。

品牌定位解决的是"我是谁"的问题。定位决定地位,有清晰定位的企业在市场竞争中更有生命力。同样是高端汽车,沃尔沃的定位是"安全",奔驰的定位是"尊贵",宝马的定位是"驾驶的乐趣"。不同的定位吸引的客户不同,产生的能量也不同。

纵观整个营销发展史,先后经历了三个主要竞争阶段:

第一个阶段是工厂阶段,营销的核心是"USP",即"独特的销售主张",又名"卖点"。舒肤佳的卖点是杀菌,高露洁的卖点是防蛀,海飞丝的卖点是去屑。

第二个阶段是市场阶段,营销的核心是"品牌形象",如万宝路的牛仔系列,力士香皂聘请众多世界一线女明星代言等。

第三个阶段是心智阶段,营销的核心是"定位",如可口可乐的定位是"经典的可乐",王老吉的定位是"预防上火",脑白金的定位是"送礼"等。

在心智竞争阶段,企业做市场竞争布局时,首先要研究消费者的心智模式。心智模式是指深植消费者心中关于自己、别人、组织及周围世界每个层面的假设、形象和故事,这些认知深受习惯思维、定式思维和已有知识的桎梏。1996年,杰克·特劳特在《新定位》一书中提出了消费者的五大心智模式:

其一，消费者只能接收有限的信息；其二，消费者喜欢简单，讨厌复杂；其三，消费者缺乏安全感；其四，消费者对品牌的印象不会轻易改变；其五，消费者的心智容易失去焦点。

随着市场竞争的加剧，定位日趋重要，中小企业也需要培养借助定位抢占消费者心智资源的营销意识。

下面我从简单、落地、可执行的角度给大家分享3种定位方法：

定位的第一个方法是抢跑。抢跑就是抢先一步，又叫抢先占位，博士伦、席梦思、雪碧都是品类抢跑的典范。劲酒"专注健康六十年"属于资历抢跑，超威电池"全球每卖10台电动车，7台用超威电池"属于规模抢跑，格力"掌握核心科技"属于技术抢跑。

定位的第二个方法是借势。统一润滑油、步步高超市、曲美家具、欧派木门都属于名称借势；蒙牛"做内蒙古的第二品牌"属于地位借势；"龙口粉丝龙大造"属于产地借势。

定位的第三个方法是聚焦。聚焦又叫市场细分。五常大米、新疆大枣属于产地聚焦，滋源无硅油洗发水属于功能聚焦，欧林雅竹纤维属于原材料聚焦。

下面接着谈品牌口号，品牌口号是品牌与消费者沟通的桥梁。品牌口号传递品牌定位、品牌价值、品牌精神等核心思想。品牌口号又叫品牌广告语。广告语可以分为产品广告语和品牌广告语两大类。

很多企业对广告语不太重视，觉得有没有都无所谓，这是一个错误的认识。但凡知名企业，都有家喻户晓、耳熟能详的广告语。如海尔的"真诚到永远"，雀巢咖啡的"味道好极了"，联想的"人类失去联想，世界将会怎样"，美的空调的"原来生活可以更美的"，百度的"百度一下，你就知道"，格力空调的"好空调，格力造"，劲酒的"劲酒虽好，不要贪杯哦"，康师傅的"就是这个味儿"……

广告语在传播上起着举足轻重的作用，能够达到催眠的效果，即让消费者在潜意识层面不由自主地产生购买行为。如海飞丝的"头屑去无踪，秀发更出众"让大众对海飞丝建立了"去屑"的认知，六个核桃的"经常用脑，多喝六个核桃"让大众对六个核桃建立了"补脑"的认知。

好的广告语要符合三个标准：

第一个是"师出有名"。所谓师出有名，就是广告语里要包含品牌名称。如"果冻布丁喜之郎""农夫山泉有点甜""怕上火喝王老吉"。

第二个是"言之有物"。就是不空洞、有内容、有卖点。如"黑土地、黄土地，施肥就用史丹利""喝了娃哈哈，吃饭就是香"等广告语。而像诸如"威力威力，够威够力""先驱家私，家私先驱"这类广告语则只是简单的文字游戏，缺乏实际意义。

第三个是"掷地有声"。广告语讲究押韵，读起来朗朗上口，符合人们的朗读和记忆习惯。

我为北京地区日化行业的知名品牌——京白洗衣液创作的"天天京白，污渍拜拜"广告语就完全符合上述3个特征。广告语里既包含品牌名称，又重点突出了产品去污强的功效诉求以及"京白"和"拜拜"的押韵关系，读起来朗朗上口，容易传播。

第四章 八卦模型——全面升级，能量无限

以下广告语是我近年来，在"品牌势能"总裁班现场为部分学员企业创造的品牌广告语：

辽宁斯德沃掺混肥的广告语是"好肥斯德沃，农民信得过"（平面广告见下图）；

北京鸿雁幼儿口才教育的广告语是"鸿雁口才，惊艳未来"；

徐州江昕防爆轮胎的广告语是"江昕轮胎，永不变心"；

榆林桃花泉豆腐的广告语是"桃花泉，天然甜"；

昆明皇派玛咖酒的广告语是"皇派玛咖酒，男人可以有"；

北京姚氏润财财务公司的广告语是"姚氏润财，为你生财"；

领袖营销能量
——破解行业领军企业的营销秘诀

广州美雅达门把手的广告语是"美雅达好拉手,七十年不分手";

鹤壁弘颐医药野山草膏药广告语是"野山草膏药,野得有劲道";

宿迁华益混凝土商砼站广告语是"华益混凝土,抗震我做主";

昆明粗粮品牌云膳谷创造广告语是"粗养益补云膳谷";

郑州汽车配件企业百年晟的广告语是"一路匠心百年晟";

滕州沈记三十香调味品的广告语是"九州飘香,沈记三十香"……

根据多年创作广告语的实战经验,我得出一个不同于绝大多数主流营销人的观点,我认为好的广告语不是花大量的时间深入研究、论证和反复讨论的结果,而是灵光乍现一气呵成的产物。由于在广告语创作这一块的"天分",我深得学员的认可与好评,也被他们誉为"中国广告语第一人"。

再说品牌愿景,大多数中小企业不太重视品牌愿景和使命,认为这些是大企业的"专利",殊不知大企业也是从小企业做起来的,愿景、使命和企业的大小没有关系。有些企业的愿景是"做某某行业第一品牌"这类没有技术含量的文字,对客户和员工而言,这仅仅是一句话而已,没有任何能量

可言。好的愿景和使命可以为企业全员赋能，让老板为之自豪，员工为之兴奋。我给思蒂莎美容院提炼的品牌愿景是"美丽中国，绽放世界"（平面广告见左页图）；阔丰科技（主打产品是斯德沃肥料）的品牌愿景是"天下粮仓，沃来担当"。

最后说品牌使命，使命就是品牌主体在社会历史和现实生活中所承担的重大责任。下面的内容是我给部分战略合作客户创作的品牌使命：

金拇指防水的品牌使命是"天下防水，我的责任"；

思蒂莎美容院的品牌使命"由内而外焕发女性自信之美"；

成功红黛墨酒庄的品牌使命是"让世界爱上中国红"；

黛柏睿家具的品牌使命是"点亮世界艺术家具之美"；

……

成言成语：

如果说产品属于企业，由企业说了算的话，那么品牌属于消费者，由消费者说了算。

第五节 爆款产品：打造爆款产品，点燃产品能量

产品、团队和客户共同构成了"经营铁三角"，在这个铁三角中，产品是连接企业和客户的桥梁，是客户对企业和品牌认知和体验的载体。企业唯有打造出有生命力的产品，方能锁定客户，进而锁定员工。

现在很多中小企业都存在员工难招或人才难留的困境，看似是文化、机制或薪酬的问题，根源还是产品销售力下降的问题。正所谓"巧妇难为无米之炊"，再优秀的业务员，也很难把那些质量平平、没有特色的产品推广出去。

从经营的角度来说，产品问题是企业经营的根本问题，只有打造有竞争力的爆款产品，点燃产品能量，才能给客户创造价值，从而解决企业的拓客和锁客难题。解决了客源问题和收入问题，团队将不是问题。互联网时代是一个爆品为王的时代，小米手机、微信等爆品案例比比皆是。

这些年，我也一直在研究爆品，思考爆品。我认为大多数中小型企业不适合使用互联网行业的爆品模式，因为基因不同。我这里谈的爆品是建立在中小企业自身资源之上的爆品。

多年前，我根据传统企业的群狼产品结构提出了"六度产品模型"理论，

分别是战略产品（具有战略意义和地位）、形象产品（提升品牌形象）、利润产品（为企业创造利润）、流量产品（吸引客户，带来人气）、阻击产品（打击竞争对手）和摇篮产品（未来的成长性产品）。随着互联网经济的到来，六度产品思维显然已经无法适应市场的竞争需求了。

爆品的核心是聚焦，即集中资源做好一款有话题、有情怀、有竞争力的好产品。那么如何站在传统企业的角度重新定义爆品呢？其实，六度产品模型中去掉阻击产品和摇篮产品，其他的四度合而为一，就是爆款产品，即爆款产品等于"战略产品+形象产品+利润产品+流量产品"。

聚焦体现在产品种类上叫"少而精"。互联网经济时代，产品的种类一定要"少而精"。过去，国产手机波导、TCL、科健、夏新、联想等品牌一年要推出几十款手机，它们通过群狼策略试水市场，从中找出一两款或两三款畅销机型。现在苹果手机每一年只会推出一到两款手机，小米、华为、OPPO、vivo每年推出的新机也很少。

过去传统企业产品开发讲究"大而全"，又叫"多多益善"；现在受互联网企业的影响，越来越多的中小企业开始认同并实践"少而精"的爆品思维。"少而精"是未来的主流产品趋势，只有"少而精"，才能集中资源，重点突破。

那么传统企业该如何打造爆款产品呢？一个优秀的爆款产品，需要具备四个方面的创新：功能创新、概念创新、故事创新和话题创新。

功能创新相当于技术创新，对于大多数不具备研发能力或研发实力较弱的中小企业而言，技术创新或功能创新都是有难度的。建议采用"微创新"或

"伪创新"策略，哪怕是一些产品外形的细微改变。在营销的角度看，创新的本质是"给涨价找一个合适的理由"，这在技术驱动型行业尤为盛行，比如汽车、手机、电脑等领域。

概念创新在前面的概念营销里已经重点讲过了。当产品功能很难创新的时候，概念创新就变得尤为重要了。功能创新来源于企业的研发中心，而概念创新来自人的思维世界。

下面先来看两个概念创新的小案例。

云南楚雄有一家小规模的挂面企业，叫金鹿面条。我为他们的产品创造性地提出了一个概念叫"当季鲜麦"，通过字面意义可以解读为"最新鲜的麦子"，广告语是"有麦香的面条"，品牌主张是"有了金鹿不吃米"。仅仅通过一个创新的小概念，就让传统产品在终端竞争中有了差异化的认知。

青岛大泽山有一家冰葡萄酒企业，品牌叫高氏庄园。创始人高竹亭在介绍冰酒品质的时候，重点强调了酿酒所用的冰葡萄是经过春夏秋冬四个季节生长周期的有机葡萄。我为他们提炼了"四季慢葡"专属概念，进而延伸出"慢酒慢品慢生活"的品牌广告语。为品牌和产品赋予新的能量，得到了客户的高度认可。

故事创新是中小企业必须恶补的一门功课。互联网企业表面看经营的是模式，本质上经营的是故事。如果没有马云的奋斗故事，阿里巴巴不会吸引那么多人持续关注和追随；如果不是雷军的情怀与梦想，小米手机不可能短短八年时间就能在香港上市。每一个创业者、每一家企业，都有各种各样的奋斗故事，只不过中小企业缺少专人总结、归纳和提炼而已。

2010年，我作为咨询顾问服务了湖南娄底一家鸭脖企业，品牌名称叫"咬我鸭"。这家企业规模不大，品牌在当地的知名度和影响力还有待提升，鉴于企业的规模和资金实力，我给出的低成本营销思路是通过故事创新为产品和品牌赋能。

通过调研发现，湖南娄底双峰县有一个网红级的历史名人——曾国藩，他是清朝末年杰出的政治家、战略家、文化家和思想家，也是深受毛主席和蒋介石两党领袖共同推崇和尊敬的人。

我以曾国藩为主角，为"咬我鸭"创造了一个引人入胜的产品故事：

清朝末年，曾国藩率领湘军打败太平天国，居功至伟，官居一品。虽尝尽天下美味佳肴，却唯独对湘菜情有独钟、却又挑剔异常。

为此，掌厨师傅经常愁眉不展，想尽各种办法让曾国藩吃得开心。一天，娄底的远方亲戚来掌厨师傅家做客，并带了湘地特产：上等辣椒和入膳药材。掌厨师傅灵机一动，精选辣椒和38种名贵中草药材，配以天然生姜、花椒等香料，按照祖传秘方先用大火煮沸，再用小火慢慢熬制。待卤汤香气扑鼻后，将新鲜的鸭脖放到汤中用大火煮制，再经萃味卤制。地道香嫩的鸭脖正式出锅。

曾国藩尝后，胃口大开，不住赞叹曰：味道鲜而不腻，天下美味看湘菜，湘菜极品卤鸭脖！后来，卤鸭脖的配料秘方被带到了娄底，历经百年，流传至今，这就是被称为"百年秘制，地道湘味"的"咬我鸭'。

下面再以大势能营销的咨询客户——德国贝罗娜啤酒作为案例，为大家剖析传统企业如何打造爆款产品。

领袖营销能量
——破解行业领军企业的营销秘诀

河北贝罗娜啤酒有限公司是德国贝罗娜啤酒在中国地区的运营商，董事长吴宝春在德国考察市场的时候发现，德国的餐桌上有一种酒精含量只有0.5度的麦芽啤酒深受欢迎。多年啤酒行业的操盘经验让他敏锐地意识到，这是一个未来啤酒消费的趋势，于是果断地将其引进中国市场。为突出产品的特性，品牌直接命名为"0.5贝罗娜"。

0.5贝罗娜酒精含量低，喝多了不易醉，且不伤身体，满足了两类人的需求：一类是国家对酒驾的限制导致喝酒不能开车的人群；另一类是本身酒量低，但商务场合不得不喝酒的人群。从产品层面来说，0.5贝罗娜实现了功能创新，跳出了常规啤酒竞争的"红海"。

那么如何给它赋予一个独一无二的概念呢？首先，0.5贝罗娜具有酒的功能，同时又不会喝醉，既不伤身体，也不用担心酒驾被查。为此我们创作了"只醉心，不醉人"的品牌口号。最初的创意是"怕酒驾、酒量差，就喝0.5贝罗娜"，这句话和"怕上火，喝王老吉"有得一拼，但因为担心存在不必要的争议，后来调整成了"只醉心，不醉人"，朗朗上口的六个字，很委婉地传递了0.5贝罗娜啤酒的功效和作用。

再说故事创新。接手项目后，我们几乎查阅了所有的啤酒广告，可以说各个角度和卖点都已经被传统啤酒说完了。既然液态层面已经表达充分了，我们就反其道而行之，不说液态，说固态。众所周知，啤酒是由麦芽酿制而成的，尤其是德国啤酒，品质已经上升到法律的高度。德国1516年出台了《啤酒纯净法》，是世界上最早为啤酒制定法律的国家。那么如何用文字来表现德国啤酒的品质呢？我想到了啤酒的主要原料——麦芽，贝罗娜啤酒用的麦芽全部是德国非遗传认证的麦芽。我们请教了贝罗娜公司的德国酿酒专家，了解到酿造一瓶500毫升的贝罗娜啤酒，大约需要15000粒麦芽。于是，我们创作了"15000粒优质麦芽成就500毫升地道贝罗娜"的产品故事。这句话如同乔布斯当年整合百事可乐CEO约翰·斯卡利用的"你是想卖一辈子糖水，还是跟着我们改变世界？"一样，一句话就是一个故事。

接下来讲如何制造话题。2017年3月，贝罗娜啤酒在成都糖酒会锦江宾馆主会场做了一场大型招商活动，请了4位来自俄罗斯的性感美女现场走秀。同时又找了两个粉丝量超过百万的网红现场直播，吸引了大量的经销商驻足了解产品，与网红和模特合影并转发朋友圈，形成了具有轰动效应的话题营销。

0.5贝罗娜的成功问世很好地论证了传统企业从功能、概念、故事和话题四个问题打造爆品的可行性。

> **成言成语：**
>
> 产品是连接企业和客户的桥梁，是客户对企业和品牌认知和体验的载体。企业唯有打造有生命力的产品，方能锁定客户，进而锁定员工。

领袖营销能量
——破解行业领军企业的营销秘诀

第六节 借力扩张：借力外部团队，聚集招商能量

企业的成长一般要经过四个阶段，分别是初创期、发展期、成熟期和衰退期。

企业成长的第一个阶段是初创期，初创期的核心是积累。企业初创阶段一般会面临人手短缺、资金紧张、资源贫乏的窘状，对于绝大多数没有资本注入的创业者而言，"小步快跑"是唯一选择。通过小步快跑完成资本积累、团队积累、产品积累、市场积累、渠道积累以及品牌资产积累等。初创阶段的企业切忌浮躁，要务实、专注、一步一个脚印，把基础夯实。

企业成长的第二个阶段是发展期，发展期的核心是扩张。企业一旦停止扩张步伐，不论规模大小，都会走下坡路。在2007年，诺基亚足够强大，但当3G版iPhone智能手机横空出世的时候，曾经不可一世的诺基亚瞬间土崩瓦解，最后沦落至被微软收购的下场。所以，做大做强是所有企业的终极追求，做大做强的标志是扩张，包括团队扩张、市场扩张、客户扩张和品牌扩张等。

企业成长的第三个阶段是成熟期，成熟期的核心是控制。不少企业把业

绩增长缓慢定义为成熟期，这是不正确的。一家企业真正的成熟应该是产品成熟、品牌成熟、团队成熟和渠道成熟，业绩以稳定的节奏持续增长。国内很多所谓的成熟企业，只是表象成熟，不是内在的成熟。太多的企业恰恰消失在了成熟期，如我前面提到的波导、科健、夏新等企业。

企业成长的第四个阶段是衰退期。进入衰退期并不一定意味着企业就此退出经济舞台，在此阶段，企业还可以转型，当然，转型不成功会衰退得更快。衰退期的核心是转型，成立于1995年的比亚迪公司，仅用了8年时间就做到全球第二大手机电池生产商，创始人王传福敏锐地预判到企业增长的瓶颈，于2003年进入汽车制造领域，如今，比亚迪已成为国产汽车的领军品牌。我预判比亚迪将充分发挥在电池技术上的优势，实现电动汽车的弯道超车。

中国改革开放的时间只有40年，企业的平均寿命还很短，绝大多数企业还处在发展期，发展期的核心就是扩张，接下来我们重点谈一下企业扩张。

企业唯有扩张，才能化解内部可能出现的矛盾。当一家企业遭遇增长瓶颈时，内部就会出现管理人员腐败、山头林立、人员流失等问题。这就如同一支球队，不断进球，连续赢球，球队就没有什么问题，一切都好；一旦输球，球员之间、球员与教练之间、球员与俱乐部之间、教练与俱乐部之间各种潜在的矛盾就会爆发。因此，化解这些难题的方法除了提升管理、统一文化之外，最有效的方法就是持续扩张。

企业扩张需要两个前提条件：资金和团队。资金不必多说，扩张是一个烧钱的事情，需要充足的现金流。囊中羞涩的企业，首要解决的是生存问题，还谈不上扩张。扩张需要人手，尤其需要文化认同和能够独当一面的操盘手团队。很多企业想当然地以为"不就是找一个有能力的区域负责人嘛"，这种思想是不对的。首先，一个人很难对整个团队进行文化熏陶；其次，一个人开拓一个新市场的周期会很漫长。所以市场扩张要采取"1+2"模式，即一个总负责人外加两个得力副手，俗称"左膀右臂"。

扩张需要充裕的资金和强有力的团队，这对处在发展阶段的企业来说很难。面对这样的困境，该如何破解？

其实，扩张无非两种方式：一种是自建团队，通过直系部队打天下；另一种是借助外部团队，即通过招商，吸引代理商、经销商或加盟商联手逐鹿市场。对中小企业而言，最有效的扩张是借助外部团队，通过招商方式进行扩张，它能实现扩张成本最小化、风险最低化和收益最大化。

企业如何招商？回答这个问题之前，我们首先思考：招商的本质是什么？简单一句话：招商的本质是产品与资源的持续性交易。如果说销售是通过产品获取资金的话，那么招商则是通过产品获取资源，包括资金、人才、渠道、政府关系等。唯有招商才能实现企业资源整合的最大化。

这些年，我至少帮助了200家企业进行招商策划和落地执行服务，根据服务他们的实战经验，我提炼出"大势能招商五步法"，下面为大家逐一分解。

第一步：招商方案

经常有学员邀请我为他们公司主讲招商会议，我通常问的第一句话是：招商方案做了吗？很多学员一脸茫然地说"没有"。"无方案，不招商"，招商的第一步就是量身定制企业的招商方案。

招商方案包括哪些具体内容呢？我从市场前景、行业痛点、项目背景、价值塑造等十个维度做了归纳梳理，我称为"招商方案10根柱子"。只要找到并竖好这10根柱子，一个具有杀伤力的招商方案就赫然在目了。下面请听我一一讲解。

（1）前景分析。客户购买产品时，看的是产品的当下价值，即实用性；投资人投资项目时，看的是项目的未来价值，即前景；而代理商选择项目时考虑得比较全面，既看过去，也看当下，更看未来。如果说购物是"一夜情"，投资是"找小三"，那么代理项目就是"娶媳妇"。招商方案的第一个重要内容就是市场前景分析，让代理商看到合作的美好未来，不仅能赚钱，而且能持续赚钱。

（2）行业痛点。只有前景分析还不够，一定要找到代理商的痛点。绝大多数代理商选择新项目不是"新人初婚"，而是"离婚再娶"。如果不能找到之前代理项目存在的问题和痛点，他们在面临新的机会时往往会表现得优柔寡断、瞻前顾后。因此，一定要找到"伤口"，还要在"伤口"上撒把盐，让他们痛定思痛，快速做出决策。找出客户的痛点，并给出解决痛点的方案，这是营销的着手点。

（3）项目背景。项目背景包括企业发展、主推产品、竞争优势等内容。通过以上内容的介绍让与会代理商对企业有一个宏观的认识和了解。

（4）价值塑造。只有背景介绍还不够，还要对项目的核心点进行塑造，既要塑造企业价值、品牌价值，还要塑造产品、技术和服务价值。企业价值包括成立时间、行业地位、获得荣誉、创始团队等；品牌价值包括品牌定位、愿景、使命、口号等；产品塑造包括核心卖点、独特功能、产品故事等。价值塑造的呈现形式要精心设计，讲究图文并茂。

（5）核心团队。中小企业真正的竞争力往往是老板的竞争力。老板对于企业的重要性甚至大于商业模式本身，这也是为什么投资人投资项目更看重创始人的原因。招商方案要对创始人进行重点包装和塑造，包括身份包装、专业定位、创业故事等内容。此外，还要对核心高管团队进行介绍，包括营销副总、技术副总等企业高层。

（6）专家团队。专家对企业招商具有很大的背书价值。专家的权威性能够提升企业的高度和影响力，有助于在招商会现场建立信赖感。

专家分为内部专家和外部专家两种类型。内部专家是指企业自己培养、发工资的专家；外部专家是指外部的顾问，企业需要承担顾问费用。

大多数中小企业自身不具备培养专家的能力和实力，整合外部专家是一种成本相对较低的做法。这些年，我先后担任了绿源电动车、超威电池、金拇指防水、威伦蒂羽绒服、贝罗娜啤酒、植奈美、姚氏润财、荷合先生、雅洁经典、阔丰科技、黛柏睿家具、运帮找货等上百家企业的营销顾问。

（7）客户见证。管理的核心是树立榜样，营销的核心是树立标杆。一切营销都是为了一个目的——建立信任，建立信任最好的方法是老客户的真实反馈。客户见证是客户信任心理的投射，客户见证的力量是无穷的。

在招商会现场，客户见证是说服新客户加盟强有力的工具。客户见证的形式有视频、图片、文字，最好的见证形式是老客户的现身说法。

（8）市场支持。市场支持包括区域保护支持、人员支持、广告支持、物料支持、培训支持、促销支持以及退换货支持等。强调一点，市场支持一定要对客户的风险进行转移，如"无条件退货""调价补差""不盈利就退款"等承诺，彻底打消客户的合作顾虑和心理障碍。

（9）盈利预期。就是通过数据测算，让客户看到合作后的"钱景"，即跟我们合作一定会赚钱。

（10）合作政策。招商要把握"先有数量，后有质量；先有人气，后有财气"的原则，采取低门槛的合作政策。2015年我为福建品品香白茶的高端产品"晒白金"主讲招商会，当场收到现金1000多万元；2016年帮助辽宁朝阳阔丰科技招商，现场预售肥料5000多吨；2018年为威伦蒂羽绒服进行第二期招商，累计收到现金2300多万元……这些成绩的取得离不开低门槛进入的招商策略。威伦蒂招商会我们采用的是10万元入门，再从10万元的客户里筛选50万元的珍珠客户，又从50万元的大客户里挖掘200万元的钻石客户。通过这种由低到高、层层深入的合作策略，确保所有准客户"一网打尽"。

第二步：广告造势

"招商未动，广告先行"，招商会召开前要集中火力进行广告造势。有些广告是针对经销商的，用来吸引经销商参会；有些广告是针对终端客户的，间接激发经销商的代理欲望。

广告分两种主要类型，一种是硬广告，一种是软广告。

硬广告包括电视广告、电台广告、平面广告、户外广告和网络广告等。优点是传播速度快，杀伤力强，受众广泛，利用反复播放加深公众印象。

传统企业受互联网的影响，想当然地以为传统广告（如电视广告、电台广告）效果越来越差，其实这是误判。大众耳熟能详的互联网品牌，如淘宝、天猫、京东、360、小米、唯品会、滴滴打车、58同城、优酷、瓜子二手车、拼多多……哪一个品牌不是借助电视广告快速建立的品牌知名度的？2018年12月31日罗振宇在《时间的朋友》跨年演讲中，专门强调了中央电视台春节联欢晚会做广告的惊人效果。

硬广告对于中小企业而言，最大的问题不是传播效果的下降，而是广告费用的高不可攀。央视广告、卫视广告至少要千万元入门，就连网络广告也得百万元起步。这让绝大多数中小企业望洋兴叹。因此，软广告作为一种广告方式，极具性价比，如果操作得法，效果事半功倍。

软广告好似绵里藏针，含而不露。等人们发现这是一篇夹带着广告的软文时，他们早已掉入对方精心设计的陷阱，非但不反感，而且还心生钦佩。软广告追求的是春风化雨、润物无声的传播效果。如果说硬广告是外家的少林功夫，刚猛无情，烧钱无悔；那么，软广告则是绵里藏针、以柔克刚的太极，借力打力，花小钱办大事。

互联网时代，客户喜欢遇事先上网查查，如果我们把软文发布到网上，即可让客户通过百度、搜狗、360等搜索引擎快速搜到企业的产品和招商信息，从而建立"这是一家规范的、有前景的、可以合作的企业"的前期认知，达到让客户信任的效果，为招商会更好地造势。

除此之外，还有一种比较好的广告模式叫行业专访，如利用行业杂志或电视栏目对企业领导人进行一对一深度专访。如果企业条件允许，建议老板做行业期刊的封面人物。对于冷门的行业，杂志期刊的封面人物收费不高，虽然发行量不大，但作为招商工具，有助于提升企业和老板的公信力。

最后强调一点，招商会议结束后，一定要通过网络发布5篇以上与招商会相关的新闻稿，一来提升品牌在网络上的信息铺设率，二来借助网络新闻对现场犹豫和观望的客户进行二次促单。

第三步：会议营销

很多人看到"会议营销"四个字本能的反应，不就是开会吗？很多传统企业对于会议营销不屑一顾，貌似会议营销是过时的、落伍的营销手段。实际上，会议营销既是过去，也是现在，更是未来的一种主流营销形式。互联网企业尤其擅长组织各种各样的大型会议。小米手机每一次的上市发布会都是一次会议营销，浙江乌镇更是连续举办了五届世界互联网大会。

传统企业之所以对会议营销不屑一顾，原因在于自己企业开会没有效果，或者对于当下直销行业、微商行业各种声势浩大的会议抱有成见。从专业的角度来说，企业举办的招商会、答谢会或订货会严格意义上只能叫会议，不能叫会议营销。

会议营销是借助和利用会议的形式，运用营销学的原理和方法，创新性地开展营销活动的营销方式或模式。也就是说，会议只是形式，而营销是目的。

要想取得会议营销的成功，首先要了解和掌握会议营销的成交原理。

会议营销的第一个原理是密闭空间原理。会议营销的最大好处是屏蔽对手。终端营销为什么刺刀见红，竞争格外激烈，因为同行都集中在终端抢夺有限的客户。会议营销现场只有一个主角，没有任何竞争对手。大家都知道，机场餐厅有两个特点，一是贵，二是不好吃。德云社相声演员岳云鹏还专门在微博上吐槽过这事。为什么机场的饭菜不好吃还贵呢？因为客户没得选。进了机场，如同进入了一个密闭空间，客户只能选择吃或者不吃。

会议营销的第二个原理是风险逆转原理。为什么同样开会，有的企业一毛钱都收不到，有的企业让客户挤破头排队刷卡？客户到了一个陌生的场合，最缺乏的是安全感。掏钱或刷卡的那一刻，他会想到：如果上当怎么办？万一不合适怎么办？这时候，我们要通过风险逆转原理化解客户的抗拒和担忧，如给出"一周内无条件退款""一年内免费保养""终生免费复训"等承诺让客户打消担忧和顾虑，达到现场交钱的目的。

会议营销的第三个原理是价值稀缺原理。"价值谈到位，价格无所谓""价值不到，价格不报""先谈价值，再谈价格"……都充分说明了价值塑造的重要意义。好的价值离不开好的塑造。会议现场通过客户见证、数据说明、权威认证或讲好故事等各种方式塑造合作价值，从而让客户产生必须拥有、必须立刻拥有的心理。

会议营销的第四个原理是机会投资原理。客户都是通过层层过滤筛选出来的。会议营销一定要通过产品和成交方案的设计,先把潜在客户找出来,再从潜在客户中挖掘优质客户。因此,会议营销的合作门槛一定要放低,先保证数量,再追求质量。

接下来谈一谈会议营销成功的六大要素,现择其要点,分列如下:

(1)客户邀约。客户邀约就是把准客户邀请到现场参加会议。这看似简单,却是会议营销里面最难的。我们需要知道客户在哪里,以及给客户参加会议的理由并确保客户到会。

邀请函是邀请客户的重要工具,也是塑造参会价值的重要载体。首先要确定会议主题,主题要能吸引和打动客户。其次内容要有诱惑力,让客户看到价值。邀请函要挖掘客户痛点、塑造会议内容、到场嘉宾和参会收获。

此外,还要制定邀约人员激励政策,并对邀约团队进行系统培训和分组PK。这是会议营销的第一步,也是会议营销成功的关键点。

(2)会场选择。对于新客户而言,酒店形象就是客户对企业和品牌的第一印象,酒店的档次决定了企业的实力。因此,在费用预算内尽可能地选择高端酒店。其次是酒店位置,它决定了客户能否准时到达。

如果代理商来自周边城市,还要考虑停车问题,涉及停车场大小以及是否收费。会场大小、楼层高矮、隔音效果、遮光性、舞台高低、音响好坏等指标都要考虑到位。

（3）会议流程。常规流程包括主持人热场，董事长致辞，技术专家介绍产品，营销专家或营销高管讲解招商方案，公布合作政策，现场签单以及会后跟单。

所有流程里面有两个最重要的环节：一个是主持人热场，一个是主讲嘉宾分享。这两个环节对招商会议的成败起着决定性作用。

（4）物料准备。物料准备包括会场背景墙、横幅、易拉宝，还有投影仪、电脑、话筒、POS机等。布场时要对电脑、音响、投影仪、POS机等设备进行反复测试，防止会议过程中因为硬件设施出问题而影响会议氛围。

（5）人员分工。会议要有总指挥、场内总监、场外总监、成交总监、后勤总监等核心岗位。人员分工要清楚，岗位职责要明确，要进行岗前培训和现场彩排，直到满意为止。

（6）文案准备。文案包括开场致辞、主持稿、成交话术、唱单台词、成交单、成交合同，还有条幅、易拉宝、背景墙、广告墙的文字内容。设计力求精美，制作前仔细校对，杜绝错别字的出现。

第四步：成交政策

这里说的成交政策与前文讲的招商方案里的合作政策是一个内容，不做过多讲解。

第五步：路演收现

一切准备就绪后，下一步就是成交。招商会议成功与否的标准不是签了多少合同，而是收到多少现金，招商会议的核心就是收到现金。下面讲解成交收现的十大关键要素。

（1）CEO主讲。这里的CEO指的是企业第一责任人。招商会一定要由企业第一负责人主讲，因为第一责任人具有更高的权威性和公信力。阿里巴巴的路演活动，一定是马云主讲；小米新品上市的路演活动，一定是雷军主讲。中小企业家不要害怕舞台，要提高登台路演的能力。

（2）身份塑造。有一个关于齐白石的段子：一天，齐白石在路上遇见一个卖虾的小贩，问他："这一筐虾卖多少钱？"小贩回答说50元。齐白石又问："我用我画的虾换你一筐虾，干不干？"小贩急了，气愤地说："你这老头儿脑子有病吧，要拿你的假虾换我的真虾！"小贩之所以急，是因为他不知道齐白石是谁，更不知道齐白石画的虾有多大价值。由此可见，身份塑造对于一个专业人士是多么的重要。

招商会现场，重要嘉宾可以通过易拉宝、背景墙等文字和图片进行身份塑造，也可以通过主持人进行推崇性塑造，还可以通过主讲人在讲解方案的过程中插入自我故事的形式塑造，以此全面立体地塑造身份价值，提升主讲人在客户心中的形象和权威性。

（3）了解听众。不打无准备之仗，要想让客户在招商会现场直接交钱成为合作伙伴，分享内容一定要进入客户的内心。因此，提前了解清楚听众的需求很重要。

他们是谁？来自哪里？之前做过什么？有什么痛点？为什么跟我合作？这些信息一定要提前掌握。知己知彼，方能百战不殆，了解得越多，成交会越容易。

（4）面向听众。路演是一个集合声音、动作、表情和感觉等多门艺术的综合学科。没有经验的路演手在路演过程中因为紧张会出现看天、看地、看PPT的行为，与听众之间缺乏表情和眼神的互动与交流，导致路演效果大打折扣。所以只有路演过程中面向听众，与听众进行眼神交流，才能更好地引导听众的情绪，让他们跟着自己的思路走。

（5）实事求是。路演的第一要义是内容真实可信，建立信赖是一切合作的基础，路演方案的内容要以让客户相信为准绳，切忌夸大其词或华而不实。方案中穿插图片和视频，多讲客户见证，有助于与客户建立信赖感。

（6）突出优势。不要试图呈现全部事实，而要突出优势，因为时间有限、空间有限，客户的耐心也有限。会议现场要集中呈现企业优势，如品牌、产品、团队、技术和服务优势。如果可以，尽量找出诸如十大优势、八大特色等亮点内容，再逐条解析，展现企业强大的实力。

（7）感性铺垫。会议现场客户做决策时感性、冲动的成分更大。路演不仅让客户感动，更让客户冲动，从而引导客户成功签单。

（8）故事升华。成功的招商路演离不开故事元素的运用，如企业故事、创始人故事、品牌故事、产品故事、服务故事或研发故事。当然了,实际路演中不需要面面俱到,要讲就讲最出彩、最容易产生共鸣的故事。

(9)敢于要求。合作成败的核心就在于关键时刻的要求,快速提升成交量的不二法门就是开口要求。麦当劳、肯德基的服务员会在客户买完套餐后提醒对方加价有更多实惠,从而提升麦当劳和肯德基门店的业绩。敢于要求是招商路演的关键,只要开口就有百分之五十的成交机会。

(10)现场收钱。收钱等于收心,客户认可才会交钱。

成交是理性被淹没、感性得到升华的结果。成交是感性之后的冲动行为,招商现场一定要把握火候,趁热打铁,立刻收钱。客户所有的美好体验,都会在离开会场48小时之后回归平淡,只有当场收到现金,才叫成功招商。

最后顺便强调一下成交信念的重要性。超强的信念带来超强的结果,熟读以下这段话,有助于提升成交信念:

①我可以在任何时间、任何地点,把任何产品销售给任何人;

②我是全世界有史以来最有成交力的人;

③成交,一切是为了爱;

④成交是全世界最伟大的爱;

⑤成交是一切成功的开始;

⑥宇宙和谐的法门就是成交;

⑦成交是实现梦想的唯一捷径;

⑧只要我一开口,就一定能成交;

⑨成功的唯一秘诀就是不断地开口、不断地成交；

⑩成交前是魔鬼，成交后是天使；

⑪成交像呼吸一样简单；

⑫只有成交，才能让我和顾客都成为赢家；

⑬我的使命就是帮助每一个顾客，没有任何人可以抗拒我的帮助；

⑭让顾客购买是我最大的责任；

⑮成交的目的就是帮助顾客得到他想要的。

第七节 提前收款：做好预先收款，玩转现金能量

交易有三种主要形式：预收款、应收款和现款（现金交易），每一种形式都与钱有关。

下策为应收款，中策为现款，上策为预收款。很多传统行业如建材、农资等行业以应收款模式为主，导致企业有利润没现金；培训教育行业采取的是预收款模式，现金流可观。

有一天，首富的儿子问首富说："爸爸，咱家的钱多吗？"首富自豪地说："孩子，咱家的钱几辈子都花不完。"儿子继续问："咱家欠的钱多吗？"首富悄悄地说："几十辈子都还不完。"

这个段子告诉我们道理：富翁=负债。商业时代，负债不是一件丢人的事情，恰恰是有实力的体现。负债力是一个人综合实力的体现，只有成功人士才具备更大的负债能力。没有负债的人，不可能成为富有的人。钱是谁的不重要，重要的是在谁手里。占有资金比拥有资金更有价值。那种以能够自给自足、没有外债为荣的思想，已经和时代脱节了。

在所有的负债中，风险最低的负债就是提前收到代理商或消费者的钱，

用他们的钱扩张或投资。举例来说，理发店会想尽各种办法让客户办理会员卡，正常剪头需要 80 元至 100 元，而办卡后只需 40 元至 50 元。这样一来，理发店还能赚到钱吗？不能简单地说能。其实去掉房租、水电费、人员工资，理发店几乎没有利润，那为什么还要鼓励客户办卡呢？因为办卡可以达到五个目的：

第一，并不是每张卡都会被用或者用完，没有使用的卡称为休眠卡，休眠卡里的钱等于理发店的纯利润。

第二，锁定客户。如果不办卡，客户会流失；办了卡，才会重复消费。办卡是锁定客户的有效途径。

第三，连带成交。客户在剪发过程中会产生如染发、烫发，或购买洗发水、发胶、发蜡等延伸需求。只要有需求就能创造更多利润。

第四，带客引流。每一个客户的背后都有一批潜在客户，有些客户会带朋友或家人到店消费，这就起到了推广作用，为理发店创造新的客源和收益。

第五，通过提前收钱获取大量现金流，进行门店扩张，实现用别人的钱生自己的钱。

既然提前收到现金有这么多好处，那么中小企业该如何做呢？实际上在很多行业，收到现金绝不是让客户办张卡那么简单，这背后有一整套系统和流程。接下来为大家分享提前收现之"天龙八步"：

"天龙八步"之一：销售的流程性

销售的过程实际上就是建立信赖、塑造价值、解除抗拒和要求成交的过程。下面一一分解。

（1）建立信赖：信赖是一切营销的基础和根本，这一点在前文中多次提及。男人爱上女人，他可以为这个女人买房子、买车子，甚至献出生命，爱的本质就是信任；客户如果爱上品牌，同样不计成本。电视广告、产品包装、企业实力展示、销售现场等一切硬件的呈现，以及销售人员的形象和专业性，都是为了达到建立信赖的目的。

（2）塑造价值：价值谈到位，价格无所谓。学会运用故事营销、概念营销、教育营销、路演营销等手段提升品牌和产品的价值。价值是切入点，只要我们能让客户感觉某件事有意义、某件商品有价值，非但成交不在话下，就是贵一些，客户也会给自己找理由：这么好的东西，当然要贵一点。

（3）解除抗拒：由于客户在消费过程中缺乏安全感，出于本能反应会产生抗拒，如：不需要、等等看、下次再说、价格太贵……不夸张地说，哪怕买一棵葱，对方一报价，客户的第一反应就是太贵了，能不能便宜点？抗拒解除一定要在客户提出抗拒之前而非之后，之后叫亡羊补牢。举个简单的例子，某平民男爱上一个美女，想娶美女为妻。如果美女先提出抗拒：想娶我？请问你有房吗？有车吗？这些需求平民男根本满足不了。如果他掌握销售流程，知道提前解除抗拒的密码，他可以在求婚的时候提前说出来："亲爱的，我爱你。虽然我暂时还没有车，也没有房，但是，我保证让你一辈子住在世界上最昂贵的房子里——这个房子就是我的'心房'。"当一个人对你谈爱的时候，对方还怎么好意思提房和车呢？求婚和成交原理一脉相承，都需要提前解除对方的抗拒。

（4）要求成交：成交需要大胆开口，敢于要求。一切成交都是开口要求之后的结果，不开口，一切免谈。面对面营销讲究一个法则，那就是客户连续说出7个"Yes"后，通常都会接受成交。

"天龙八步"之二：教育的逻辑性

教育分为三个关键步骤，即摧毁（摧毁客户已有认知）、植入（植入全新认知）和强化（对全新认知再次强化）。

以我做过的高端服饰定制产品路演为例，为大家剖析教育的内在逻辑。

（1）摧毁。高级定制的重点客户以企业老板为主。要想让客户选择均价在三五千元甚至一两万元的高级定制服装，首先要摧毁客户固有的认知。很多老板身家千万，甚至过亿，但是却很节省，或者说没想过为自己买件几千元的服装。他们大多数白手起家，创业不易，每一分钱都是辛苦赚来的，花钱比较谨慎。他们固有的认知是"衣服够穿就行，何必铺张浪费"。要开门见山地告诉老板们这种消费观念已经落伍了。

（2）植入。在摧毁客户固有认知的同时，要植入新的认知。老板买的不只是一件普通的衣服，而是在市场上厮杀的战袍。服装可以提升自身内在能量，实现与高端客户对位谈判，从而为企业创造更多财富。老板的形象代表着企业的形象，老板不是为个人而穿，而是为企业形象而穿。

（3）强化。成功人士一定要有一套量身定制的服装。国家领导人穿量身定制的服装；成功的企业家穿量身定制的服装；当红明星穿量身定制的服装……难道你不希望自己的公司做得更大更强吗？如果希望，就一定要有一套，甚至多套量身定制的高级服装。

"天龙八步"之三：信任的坚实性

如前所述，信任是一切营销的根本，信任是客户购物的关键密码，营销的一切目的都是为了建立信任。要实现信任的坚实性，无外乎从企业、产品、团队三个维度进行包装。

（1）企业的信任：如企业实力、行业地位、发展历程、获得荣誉等，这些信息随时随地向客户传递着企业的可信度。

（2）产品的信任：如专业技术、获得认证、外在包装、产品卖点等，这些信息都自动彰显着产品的可信度。

（3）团队的信任：最值得信赖的团队就是专家团队。打造专家团队：第一，外在形象专业，穿职业装，最好是高级定制的服装，服装能提升销售人员的品味和自信；第二，语言专业，开口说话要让客户感受到措辞的专业性；第三，内容专业，即行业知识和产品知识的专业性。借此，通过专家团队提升客户的信任，打造坚实的信任度。

"天龙八步"之四：需求的迫切性

我的一位朋友陪太太去美容院，离开美容院时，他个人消费了1万多。整个过程是这样的：美容师看到坐在旁边等太太的朋友说，您既然来了，反正也要等，不如给自己做个面部护理。在护理过程中，美容师发现他脖子上有几个扁平疣。之前朋友自己早就发现了，可是一直没太当回事儿。美容师告诉他，不要小看它，这是可以通过肌肤传染的，尤其是容易传染给皮肤比较娇嫩的孩子。朋友的孩子刚好3岁多。为了不影响孩子的肌肤健康，就听取了美容师的建议，当场做了激光处理，就这么"莫名其妙"（朋友的原话）地刷了1万多。

从这个案例中可以看到，朋友从没有消费需求到最后掏钱买单，是因为美容师发现并放大了他的痛苦，从而激发了他消费的迫切性。

具体实践时，可以将需求的迫切性细化为以下四步：第一步，找到客户痛点；第二步，让客户感受到痛；第三步，放大客户的痛点；第四步，给出快乐的解决方案。

"天龙八步"之五：价值的稀缺性

为促进提前收款，要尽可能地塑造价值并且制造价值的稀缺感。具体可以从以下六个方面着手进行：

第一，塑造企业价值，如创立时间、行业地位、企业实力、社会荣誉等；

第二，塑造老板价值，从老板的梦想、使命、身份等角度展现其独特的人格魅力；

第三，塑造品牌价值，如百年老店、行业知名品牌、专注××行业多少年等；

第四，塑造产品价值，独特的销售主张，客户非买不可的十大理由等；

第五，塑造技术价值，诸如技术的领先性、原创性、权威性等；

第六，塑造服务价值，包括服务主张、服务承诺、服务案例等。

"天龙八步"之六：价格的诱惑性

客户买的不是便宜，而是占到便宜的感觉。要想提前收到现金，一定要在客户占便宜的感觉上下功夫。比如我服务过的优视佳护眼仪，京东价格是

2980元，会议现场成交价格仅需1800元，客户一对比，价格优势非常明显，马上就会掏钱买单。

"天龙八步"之七：时间的紧迫性

人们在逛街的时候经常看到"清仓甩卖""最后几件""活动最后一天"之类的促销活动，这些信息向人们传递的是时间的紧迫性，以此督促顾客尽快购买。

提前收现一定要把握住客户这一心理，设定时间限制门槛，如"仅限会议或活动现场""有效期仅限活动期间""现场仅开放10个名额"或"还有最后5个名额"等。

"天龙八步"之八：成交及时性

成交如同老火煲汤，要讲究火候。火候不到，不能成交；火候过了，同样不能成交。因此，一定要在客户最有感觉的时候及时开口，趁热打铁。

> **成言成语：**
>
> 负债力是一个人综合实力的体现，只有成功人士才具备更大的负债能力。钱是谁的不重要，重要的是在谁手里。

第八节 客户裂变：服务种子客户，裂变客户能量

对企业而言，提升业绩有三个经典的方法：提升客户数量、提升客户消费频次和提升客户单次购买金额。

中小企业往往把更多的时间放在了提升客户数量上，成熟的企业则把时间放在了提升老客户的消费频次上。提升客户数量的核心是"开发新客户"，提升客户消费频次的核心是"服务老客户"。

销售行业有这样一句话："10个新客户抵不过1个老客户。"这不是夸大事实，开发新客户不但成本过高，成交金额也相对较低。对于各行各业来说，维护老客户才是企业的生存王道。

然而太多企业忽视对老客户的维护，导致老客户被挖墙角，造成不可挽回的损失。维护好与老客户的关系，老客户不但可以再次消费，还可以带来更多新客户。

经营客户的核心是经营种子客户。种子客户具备四个重要标准：

一是认同。首先客户得认同企业、认同品牌、认同产品。

二是成交。什么叫好客户？有实力的客户就是好客户吗？嘴巴里赞美我

们的客户是好客户吗？都不是。只有愿意付费的客户才是真正的好客户。客户是否优质，不取决于自身的大小，而取决于付费的多少。

三是忠诚。当客户认可品牌时，会把心交给品牌，甚至品牌出现危机时，也会不离不弃。当别人指责或批评品牌的时候，他会勇敢地捍卫品牌。

四是粉丝。种子客户的本质就是粉丝。种子客户购买某个产品未必是因为自己需要，可能仅仅是因为该品牌又推出了新产品。比如苹果手机，只要苹果推出新品，粉丝都会抢先购买。

种子客户能给企业带来什么价值？种子客户的价值主要体现在以下几个方面：

（1）种子客户首先是消费者，而且是VIP级别的消费者，他们通过消费为企业创造利润。

（2）种子客户是活广告，是品牌免费的宣传员，可以随时随地帮助企业推广品牌。

（3）种子客户是消费商，无条件地为企业转介绍客户。微商经营的核心就是把消费者变成消费商，让客户开发客户，实现裂变式经营。

（4）种子客户是品牌见证者，为品牌背书，提升品牌信赖感。

（5）种子客户提升品牌价值和企业估值。普京、马云、贝克汉姆、胡歌、周冬雨等名人都是加拿大鹅羽绒服的忠实粉丝，他们为加拿大鹅的品牌价值提升做出了卓越贡献。

种子客户就是罗振宇在2018年《时间的朋友》主题演讲中提到的"超级用户"。在互联网经济中，"超级用户思维"替代了"流量思维"；在传统经济中,"种子客户思维"替代了"客户思维"。

当企业有了足够多的种子用户,企业也就有了"客户裂变"的基础。

如何培育种子客户呢?种子客户来自企业持续的、高品质的服务。做好客户服务需要掌握四个关键词,分别是"在一起""领袖级""仪式感"和"超预期"。

第一个关键词是"在一起",就是定期和种子客户见面与沟通。朋友长期不见,关系会慢慢变冷,企业和客户之间也是一样。明星经常与粉丝见面,微商组织核心代理商去国外旅游,小米手机定期组织米粉见面会……企业更要创造机会与种子客户见面交流。见面要保持一定的频率,与种子客户走得太近,会过犹不及;在一起时间太少,长期不见面,同样会出问题。只有"若即若离",才能恰到好处。人与人之间最好的关系就是"若即若离",夫妻之间如此,朋友之间如此,客户之间同样如此。

第二个关键词是"领袖级",就是种子客户要由老板亲自服务。工程、工业品等大客户营销型企业,种子客户必须掌握在老板或者核心股东手里。尤其是一些轻资产公司,种子客户就是企业的命脉。很多老板就是因为带走了前东家的客户才成为"老板"的,所以老板一定要亲自服务种子客户。

第三个关键词是"仪式感",对公司比较重要的核心代理商或粉丝级客户,公司要通过制造仪式感让他们感受到重要性。如年度会议的VIP席位,或给有贡献的客户颁发功勋奖章,或组织种子客户出国旅游,或邀请客户出席老板家宴等各种活动。仪式感如同飞机上的头等舱服务一样,让客户感受到与众不同的尊贵感。

第四个关键词是"超预期"。夫妻之间有个坎儿叫"七年之痒",为什么会痒?因为长期在一起,彼此太熟悉,没有了新鲜感,也没有了想象力。"超预期"要求给种子客户提供服务时,切忌千篇一律和亘古不变,服务一定要走心,要超越客户的预期,唯此,才能保证客户的新鲜感和满意度。

与客户交往要将心比心,你为客户排忧解难,客户就会信任你、感谢你,为你转介绍客户,这就叫客户裂变。

成言成语:

企业做好对种子客户的服务,需要掌握四个关键词:一是"在一起",即定期和种子客户见面与沟通;二是"领袖级",即由老板为客户提供服务;三是"仪式感",即通过制造仪式感让客户感受到重要性;四是"超预期",即提供的服务要超越客户预期。

第九节 团队孵化：孵化优秀团队，释放团队能量

打造团队对于绝大多数中小企业而言是一件非常困难的事情。这些年，关于执行力、薪酬绩效、组织系统、股权设计和阿米巴经营的培训课程特别火，老板们希望通过学习解决团队建设和管理难题，然而学完之后真正落地和有效的并不多。

在打造团队上有一个奇怪的现象：有些老板没读几年书却能把团队带得生龙活虎，有些老板学历很高却把团队带得死气沉沉。显然并不是学得越多、知道得越多，就能带出强大的团队。团队强大与否和团队带头人息息相关，一头狮子带领一群羊能够轻松打败一头羊带领一群狮子。

如果老板想要手下兄弟众多、战将如云，首先要把自己变成合格的"带头大哥"。通常来说，一个"好大哥"至少需要具备三个品质：

第一个品质叫梦想。没有梦想的人追随有梦想的人，有小梦想的人追随有大梦想的人。关羽、张飞、诸葛亮追随刘备，是因为刘备有"匡扶汉室"的伟大梦想；孙悟空、猪八戒、沙和尚追随唐僧，是因为唐僧有"取得真经、普

度众生"的伟大梦想。

第二个品质叫格局。格局决定布局，布局决定结局。一个企业能做多大，一个团队能走多远，取决于领袖的格局和胸怀。有格局的老板才会舍得培养人才，舍得给名、给权、给利。格局的核心是自信，一个不自信的老板是不敢轻易放权分钱的。

第三个品质是成长。一个人的自信来源于自我持续地成长。老板为什么不敢放手培养人才？因为害怕"教会徒弟饿死师父"，背后真实的原因是自己的不成长。为什么郭德纲有那么多弟子，而且都很优秀？因为郭德纲的成长能力就很强。

有些老板张口闭口说培养人才，人才真的是培养出来的吗？老板自己都不优秀，如何培养出优秀的人才？孙悟空通天彻地的本事不是唐僧教的，诸葛亮"上知天文、下知地理"的能耐和刘备没有关系，小沈阳的"二人转"也不是赵本山培养的。事实上，绝大多数中小企业根本不具备人才培养的能力和机制，他们唯一能做的就是筛选人才。创业的过程就是大量招聘人并不断淘汰人的过程，淘汰之后剩下来的才是真正适合企业的人才。

如果企业小，吸引不来优秀的人才怎么办？那就选好苗子。因为好苗子不用教，会自己成长。什么样的人是好苗子呢？先学习一下"大树法则"，一棵小树苗成长为参天大树需要满足五个条件：

成为一棵大树的第一个条件：时间。没有一棵大树是树苗种下去，马上就变成了大树，一定是岁月刻画着年轮，一圈圈往外长。要想成功，一定要给自己时间，时间就是体验的积累和延伸。

成为一棵大树的第二个条件：不动。没有一棵大树是第一年种在这里，第二年种在那里就成为大树的。正是历经无数次的风霜雨雪，却始终屹立不动，才最终成为大树。

成为一棵大树的第三个条件：根基。树有千万条根，深入地底，忙碌而不停地吸收营养，成长自己。要想成功，一定要不断学习，不断充实自己，扎好根，才能基业常青。

成为一棵大树的第四个条件：向上生长。没有一棵大树只向旁边生长，长胖不长高；一定是先长主干再长细枝，一直向上长，不断向上才会有更大的空间。

成为一棵大树的第五个条件：阳光。没有一棵大树长向黑暗，躲避光明。阳光，是树木生长的希望所在，大树必须为自己争取更多阳光，才能长得更高。

与"大树法则"类似，好苗子也需要具备三大特质：

好苗子的第一个特质是认同。老板在选人上通常会犯一个常识性错误，那就是总想找自己想要的、喜欢的人才，而自己想要的又未必对你感兴趣，结果竹篮打水一场空，最后受伤的是企业。组建团队的关键是找到认可公司、认可老板的人，因为对方只有喜欢你、才会为你改变。

好苗子的第二个特质是适合。选人才不是学历越高越好，也不是能力越强越好。夏利车安装法拉利的发动机，对车和发动机都不是好事情，同样小企业来了大人才对企业和人才也不是好事情，适合的才是最好的。

好苗子的第三个特质是状态。选择销售人员，学历不重要、长相不重要、口才不重要，甚至能力也不重要，最最重要的是状态。一个人状态好，有激情，就一定会有结果；一个人没状态，没激情，一定不会有结果。现在很多90后以"佛系"自居，都清心寡欲、无欲无求。实际上这个世界上真正的佛都是拥有了丰富的人生体验之后才能放下，释迦牟尼、弘一法师莫不如此。释迦牟尼是东海国饭净王的三太子，弘一法师出身于富有的官商家庭，他们都是在人生最辉煌的时候选择了放下，从而成佛。一个从未拥有过的人，谈何放下？放下的前提是拥有，佛性的前提是狼性。狼性是进攻型，佛性是防守型。狼性的标志就是激情，每一个干大事的人都要时刻保持激情满满的状态。

讲完打造团队过程中老板把自己变成"带头大哥"的必要性和条件，以及好苗子的3大特质，接下来继续探讨文化建设、人才培养、团队形态和氛围营造等重要内容。

先看团队文化建设。

一个团队有目标、愿景、共同的思想、相同的沟通方式、相似的兴趣爱好，才是有生命力的团队，否则只能叫团伙。没有文化的团队没有向心力，没有文化的团队没有战斗力，没有文化的团队没有凝聚力。

很多中小企业每天忙着做市场、冲业绩，无暇顾及团队文化建设，甚至想当然地以为等企业大了再来完善也不迟。然而只靠业绩和利益捆绑，没有文化凝聚，一旦出现业绩下降，团队便会立刻土崩瓦解，这就是2018年无数金融公司瞬间消亡的原因所在。

企业文化的本质就是把"他的人"变成"我的人"，即通过文化让员工"入模子"，拥有企业特有的"味道"。团队文化建设的过程就是新人从抗拒到接受再到融入的过程。

新员工刚进入新公司心理上存在抗拒是正常行为。员工入职前七天是离职高峰期，如果不能适应文化就会离职。有些新人刚加入大势能营销时，对早会中的跳舞和拥抱环节比较抵触，刚开始别人跳舞、拥抱，他会抱着膀子观望，慢慢地也会跟着跳、跟着拥抱，时间一长也就习以为然了。这就是抗拒、接受和融入的过程。

团队文化有共性文化和个性文化之分。

先说共性文化，它是整个行业的通用文化，如早会、夕会、启动大会、跳舞、拥抱、"十大军规"等就是培训行业的通用文化，这些文化基本上是从中国培训行业的先驱——聚成公司传承下来的，因为比较成熟和规范，就被更多的培训机构沿用了。

附录：《培训行业销售人员十大军规》

第一条军规：请记住，你进入的是一家讲求实效的企业，请用你的业绩说话。

第二条军规：如果你要离开，请带上你的荣誉和奖金，这些是你能力的最好证明。

第三条军规：在你发出抱怨前，先想想同样条件下优秀者是如何做到的。

第四条军规：企业永远喜欢这样的销售人员——面对困境有原因分析，更有解决方案。

第五条军规：昨天的经验会成为今天的障碍，你需要不停地学习和进步。

第六条军规：销售人员生存的价值只有一条——为客户创造利益。

第七条军规：被拒绝是销售的家常便饭，唯有你是优质弹簧，修复能力才会最强。

第八条军规：全世界成功销售人员的共同点只有四条——喜欢、自信、悟性、德行。

第九条军规：我们无视你的文凭、背景和经验，唯有贡献能证明你的价值。

第十条军规：客户忠诚之道——准确、方便、伙伴、咨询。

再说个性文化。个性文化是企业独有的文化。大势能的企业文化是"敬天爱人、知行合一、责任至上、快乐成长"。企业文化内容未必是完全原创，但一定要符合创始人的核心价值观。

敬天爱人：这是日本著名企业家稻盛和夫先生一生信奉的经营哲学，我很有共鸣。我做事喜欢讲究规律，不喜欢冒进和浮夸；我追求"人人生而平等"的精神，尊重身边的每一个人，不论是客户，还是员工。

知行合一：我的第一身份是咨询师，第二身份才是讲师，这是我和行业内绝大多数讲师最大的区别。我在课堂上讲的所有案例，包括本书写的绝大多数案例都是我自己操盘的项目，讲我所做的，做我所讲的，知行合一，这是我在讲台上最大的能量源。

责任至上：在大势能有一个句话叫"责任到此为止"，一个推卸责任的人很难得到真正的成长，一家推卸责任的公司注定无法做大做强，成长从承担责任开始。

快乐成长：活到老，学到老。从中山大学毕业到现在已经有18年的时间，在这18年里，我最引以为傲的事情就是从来没有停止过学习。我从一个社会学专业毕业的学生进入广告公司做策划，又从广告公司到企业带团队做销售，又成为咨询公司联合创始人重新回归策划，后来为了梦想又进入培训行业。其间，一次次地挑战，一次次地突破，一次次地转型，都离不开持续地学习，创立公司后更是如此。我希望大势能的员工能够开心快乐地成长，在这里不仅能赚到钱，更能学到知识，真正强大自己，改变命运。

自2015年创业以来，我就心怀一个梦想，那就是让相信我的伙伴能够在北京过上有尊严的生活。这也是我多年来一直努力的方向。我希望所有加入大势能营销的伙伴，都能打上"敬天爱人、知行合一、责任至上、快乐成长"的文化烙印，具有大势能人特有的精神状态。

再来看团队的人才培养。

经常有老板对我说，他不是不想培养人才，而是担心投入大量人力物力培养的人才走掉，他觉得自己很吃亏。这是很多老板纠结的地方，不培养没人可用，培养了有可能成为对手。在回答这个问题之前，先来看看雍正皇帝的例子。

雍正皇帝是清代一位政绩被严重低估的皇帝。一提到清代最有作为的皇帝，人们大脑中首先会想到康熙或乾隆，而不是雍正。康熙的确是"千古一帝"，但康熙末年国库亏空、朝野腐败也是不争的事实。乾隆在位60年，整天游山玩水，到处写诗题词，这样一个游手好闲的皇帝怎么能奢望他把全部精力放在工作上？

总的来说，清代皇帝都很勤政，而雍正则是清代皇帝里最勤政的。雍正执政13年，励精图治，以治政严厉、革新除弊而闻名于世。尤其是"摊丁入亩"和"耗羡归公"两大税制改革，对清代的财政制度产生了重大影响。雍正在位期间，中国人口爆炸式增长，突破1亿大关，极大地解决了农村劳动力问题。康熙末年，国库亏空800万两白银，而雍正传位给乾隆的时候，国库盈利高达6000万两。

追溯起来，雍正的优秀和康熙批量培养接班人的制度分不开。康熙一共生了35个儿子，活下来的有24个，雍正是在众多对手里脱颖而出、竞争上岗的皇帝。

康熙批量培养接班人的制度对营销团队建设也有启迪意义。企业要解决"想培养人才又怕流失"的难题的唯一方法就是批量培养。如果你不知道谁会离开，谁会留下，那就多培养几个，即便有人离开，也会有留下来的人继续工作，不会影响公司的正常运营。

柳传志是中国第一代创业者里最早把公司交给职业经理人后退休的企业领袖。早在20世纪90年代，他就把杨元庆、孙宏斌、郭为作为联想接班人进行培养，其中能力突出的孙宏斌因为个性太强而退出接班人序列（孙宏斌现在

领袖营销能量
——破解行业领军企业的营销秘诀

是融创中国董事局主席），最后杨元庆胜出，成为联想集团的董事长兼CEO。姑且不论杨元庆接班之后联想发展如何，至少证明一点，企业培养人才永远不能把宝押在某一个人身上。

下面我们再来思考一个根本性问题：今天的企业到底缺不缺人才？老板们一定会异口同声地说"缺"。事实上，企业从创业那一天开始，就会不断地有人进进出出。老板表面上看缺人才，实际缺的是左膀和右臂。古往今来，所有强大的领袖都有自己的左膀右臂，又叫"股肱之臣"。

刘邦和项羽比起来，在人才数量上从来都不占优，但刘邦有萧何、张良、韩信、周勃、曹参、樊哙等一批能文能武而又听话照做的左膀右臂。

刘备不论是家庭背景还是综合实力，相对于曹操和孙权都处于弱势地位，但刘备有诸葛亮、关羽、张飞、赵云、马超、黄忠、魏延等一批有谋略或有实力的左膀右臂。

朱元璋一介布衣，能够建立大明王朝，实现华夏大一统，离不开徐达、常遇春、李善长、胡惟庸等对自己多年追随、不离不弃的左膀右臂。

一个能成大事的领袖，不在于他能领导多少人，而在于他能驾驭多少左膀右臂。"左膀右臂"需要具备两个显著特征：

一个特征是同频。同频的人无须多言，老板一个眼神对方就明白——这叫默契！

另一个特征是忠诚。忠诚的人不离不弃，老板不用担心他们离开，更不用担心他们背叛自己，可以大胆放心地使用。

除此之外，左膀右臂们在管理上还需要具备五个基本素质：以力服人、以身作则、言传身教、有效陪伴和成人达己。

以力服人的意思是要想成为一个让别人服气的干部，要么有资历，要么有实力，要么有能力。资历代表过去，"我曾经取得过什么成绩"或"我过去为公司做过什么贡献"；实力代表当下；能力代表未来。

管理的本质就是"服不服"，如果下属不服气就谈不上管理；如果服气则无须管理。尤其是销售团队，自己有业绩，能够帮助下属创造业绩，这样的干部自带领袖气质。反之，如果自己没有业绩，也无法帮助别人创造业绩，这样的干部注定是孤家寡人。

以身作则强调的是干部一定要起到带头作用。国民党那么强大最后却输了，而共产党原本很弱小却获得了最终的胜利，原因有很多，其中有一个原因是和两党的指挥模式有关。电视里经常看到这样的镜头：国民党将领对士兵说"兄弟们，给我冲"，共产党将领士兵下说"同志们，跟我冲"。一个"给"字和一个"跟"字，背后有着本质区别："跟"意味着我先冲，子弹来了我挡着，这是一种承担责任的行为，也是一种有难同当、同仇敌忾的胸怀。跟着这样的领导，死也值得；反之，把死留给兄弟，把生留给自己的领导，没有人会真心实意地跟着他。

言传身教是指通过言行来影响下属。作为家长，给孩子两样东西就够了，一个是最好的教育，一个是最好的榜样。要让孩子做什么，家长就要做什么。父母爱学习，孩子基本上也爱学习；父母孝顺老人，孩子也会孝顺老人，这叫上行下效。同样道理，一个好干部一定要具备言传身教的能力。"言传身教"四个字，"言传"在前，"身教"在后。这说明要想成为一名好干部，口才很重要。这也是为什么学校选班干部要有竞选演讲，美国总统也要经过一轮又一轮的演讲才能最终获胜的原因。所以做干部首先要打开嘴巴，学会公众演说，具备给团队培训的能力。当然，在此基础上还要能亲自干，如此才能用实际行动带动团队。

有效陪伴说的是好干部不能脱离群众。家长培养孩子最好的方法，就是在孩子成长过程中能够一直陪伴在身边，团队也是如此。老板可以离场管理，但管理人员不可以。管理人员一旦脱离群众，就很难得到群众的支持。一个好干部一定要和团队"泡"在一起，要和群众打成一片。不仅在工作上如此，在生活中亦是如此。

成人达己是好领导的又一重境界。一个人做事的起心动念非常重要，领导要想有人追随，一定要有利他之心。发自内心地培养别人，给别人机会，别人自然愿意追随你，所以利他最终也是利己。

如何成人达己呢？最重要也是最普遍的手段是培训。培训要注重有效性，不能为培训而培训。很多企业对新人的培养方式是集中起来进行7天或一个月的系统培训，结果新人在枯燥乏味的培训中莫名其妙地走掉了。大多数销售人员之所以选择做销售是因为学历不高（不爱读书），上学的时候就不喜欢那种枯燥呆板的教育方式，好不容易从学校解脱了，结果又进了企业这座"象牙塔"，不跑才怪呢。因此，最有效的培养人才的方法是带教训练、岗位训练和反复训练。

带教训练，又叫"师父带徒弟"。在演艺界流行拜师，岳云鹏的师父是郭德纲，小沈阳的师父是赵本山，贾玲的师父是冯巩。"师徒制"在餐饮等很多传统行业也比较盛行。师父教徒弟手艺，徒弟赚钱孝敬师父，这种模式在企业管理中同样适用。让领导或老员工一对一地教新人，新人出业绩对领导或老员工给予一定的物质奖励，这是企业培训人才最有效的方法。

岗位训练对员工的成长至关重要。"屁股决定脑袋""实践出真知"，一个人只有放在岗位上才能快速成长。不少老板培养自己的孩子，喜欢把孩子带在身边，让他多听多学。这种方式肯定有效，但成长速度很慢，因为孩子没有真正放在工作岗位上。

英国王储查尔斯王子，从1952年被任命为王储到现在，已经整整67年了，不仅等得花儿都谢了，头发也基本"谢"光了。但很遗憾，他现在还无法独立应对国际事务，毕竟他还只是一个王储。与之相反，金正恩27岁就早早担任朝鲜国家领导人，现年35岁的他已经能够游刃有余地处理复杂的国际事务。

再如，虽然中国驾校的培训方式有些简单粗暴，但不能否认驾校培训驾驶员的速度非常快。驾校从来不会给学员讲什么理论知只，比如车的构造、交通规则（交通规则都是学员自学），而是让学员直接上车操作。一个从来没有摸过车的新手，在教练一对一的辅导下，能够在短短半小时内把车开上路，这一切都源于岗位训练。

反复训练又叫"常态训练"，即训练常态化。有些企业在新人入职培训一两次后就再也不做培训了,导致人才长期得不到成长。"一日练一日功,一日不练十日空",培训是一个持续的过程,任何技能一旦放下就会"手生"。我作为职业讲师,如果连续半个月不讲课,就会对舞台有不适感。郎朗天天练琴,孙杨天天游泳,C罗天天踢球,他们只要稍微放下一段时间,就很难找到状态和感觉。正所谓"曲不离口,拳不离手",销售岗位更是如此。

接下来讨论团队形态这个议题。

人有形象,团队有形态。一个好的销售团队,在性别、年龄和岗位结构等形态上一定要进行合理规划。

销售团队讲究性别均衡,原则上男女性别比例4∶6为佳,即女生比男生多一些(不同行业具体比例有所差别,不能一概而论)。男女搭配才能干活不累,这符合团队的阴阳平衡。如果一个团队都是男生或女生,内部很容易出现矛盾,不利于激发团队斗志。

除了在性别上要合理搭配,在年龄结构上,要有老中青组合。都是老人没有激情,都是年轻人不够沉稳。

岗位结构方面,不少门店类销售团队的岗位层级只有经理(或店长)和导购员(或服务员)两个级别。表面看来结构简单,便于管理。实际上,层级太少导致基层人员没有晋升空间,以致看不到希望而离职。"升官发财"是所有人的核心需求,所以在岗位层级设计上要让基层员工看到晋升的机会。因此,销售团队的管理层级要本着"多多益善"的原则进行设计。

最后谈谈团队氛围的营造。

带团队就是带氛围，带氛围就是带欲望、带梦想、带状态。欲望、梦想、状态这三者也是带团队的核心。一个团队里每一个人都有以自我为中心的欲望，要尝试去了解和激发团队的欲望，激起他们对成功的渴望，调动每位团队成员的积极性，根据需求做出相应的激励，如物质激励与精神激励相结合，这就是带欲望。

人因梦想而伟大，因团队而卓越，所以要用梦想组建一个团队，用团队实现大家的梦想，也包括团队成员的个人理想。有梦想才能带出无敌团队，为此，干部要经常问员工这样四句话"你的梦想是什么？""你现在离梦想有多远？""为了实现梦想你准备做多大努力？""需要企业为你提供什么？"。这就是带梦想。

人与人之间的关系想要紧密，就要把整个团队放在一个联系紧密的场景中。换而言之，要打造一个状态良好的团队，就要在企业中营造一个有状态、有能量的场景。这就是带状态。

带状态就是引导整个团队进入工作状态。激发工作或学习动力的关键要素可以从以下九个方面来分析：

一是肯定，团队带头人要对团队成员有肯定、支持的态度；

二是建议，持续不断地给团队成员以建议和情绪劝导；

三是团队合作及归属意识，给团队成员在团队内与大家合作的机会；

四是责任，将团队成员视为一个专业工作者，让他参加项目的会议，参与决策，并慢慢减少在旁观察的次数，实时地参与到具体项目中的每一个步骤；

五是潜能开发，帮助每一位团队成员发现自己的能力；

六是挑战，让团队成员担任有挑战性的任务；

七是成就感，让团队成员看到未来的自己，并告诉他在未来会扮演的角色，让他知道自己对公司或团队战略的贡献；

八是协助，为团队成员提供帮助，并给予适当的指导；

九是充分调动团队成员的自主性，协助他们自己决定工作的优先级。

经营企业的过程是一个借力的过程，只有越来越多的人愿意把力借给你，企业才会成功。孵化团队，要善于把团队及成员推到前台，给他们权力与责任，老板只需在后面提供服务，这是成功的秘诀。

成言成语：

老板表面看缺人才，实际缺的是左膀右臂。古往今来，所有强大的领袖都有自己的左膀右臂，又叫"股肱之臣"。

后 记

不知不觉,《领袖营销能量》已经到了结稿的时候,从准备写作到完成本书,前后耗时近1年。其间数次易稿,反复完善、修改,用行话说就是,做不到完美,但必须力求完善。

近年来,宏观经济形势不太理想,越来越多的创业者感受到了经济的寒冬,本书就是专门为中小企业的老板和创业者而写。书里没有太多深奥的道理,也没有什么赫赫有名的案例,全都是我自己对营销系统的思考和对操盘项目的感悟与总结。写作此书只有一个目的,那就是让更多的老板看完之后能够找回创业初心,找到更多落地实操的营销方法,真正提升企业的营销能量。

在本书的写作过程中,很多学员和客户给了我莫大的支持和鼓励。在这里,我要重点感谢威伦蒂羽绒服创始人李丽女士、麦芽APF联合创始人武瑛女士、野山草膏药创始人郗青峰先生、优视佳护眼仪创始人亶君龙先生、蜗客网创始人曹海刚先生对本书的大力支持。

创业4年多来,"领袖营销"理论也伴随着我公司团队的发展壮大,在全国各地生根开花,蓬勃兴起。最让我欣慰的是一家又一家企业通过我的培训或咨询服务,改善了以往不利的营销局面,走出了企业营销困境,打开了市场,回笼了资金,获得了盈利,也赢得了口碑。

写作过程中我发现,仅仅靠一本书并不能穷尽我想讲的所有东西,遂萌生了写作系列著作的想法,力求形成李科成专属的"营销能量体系",希望能够帮助到更多有需要的企业。

领袖营销能量
——破解行业领军企业的营销秘诀

本书联合出品人：

童君龙：宁波优视佳视力保健有限公司董事长，北京优视佳眼球医学研究中心主任，中国学生营养与健康促进会常务理事，世界传统医学金奖获得者。

李丽：威伦·御鑫洋（北京）服装有限公司创始人、董事长。公司成立于1994年，总部位于北京朝阳区。

郝青峰：鹤壁弘颐医药科技有限公司总经理。公司成立于2015年，位于河南省鹤壁市淇县产业聚集区。

武瑛：北京"场景内容社交"麦芽APP平台联合创始人。

曹海刚：蜗客网创始人，蜗客时代（北京）科技有限公司董事长。蜗客网成立于2008年。

姚昌敏：北京姚氏润财财务策划有限公司董事长。公司成立于2004年。

李彬：北京亿沣祥茶叶有限公司董事长，亿沣祥茶叶品牌创始人。公司成立于2002年。

王振锱：北京丰景源日化有限董事长，京白洗涤品牌创始人。公司于1999年成立，总部位于北京。

张永国：北京中盈盛达科技有限公司董事长。公司成立于2014年，总部位于北京。

尚红彬：河南正能量科技有限公司创始人、董事长。公司成立于2016年，总部位于河南郑州。

马学坤：北京中联洁环保科技有限公司创始人、总经理。公司成立于2006年，总部位于北京。

吴宝春：河北贝罗娜啤酒有限公司董事长，贝罗娜小嘿啤创始人。

熊良永：泰吉科技创始人。泰吉科技创立于2008年。